传奇的神殿

中华文化风采录

千秋圣殿奇观

陈　璞　编著

天下第一江山

北方妇女儿童出版社·长春

图书在版编目(CIP)数据

传奇的神殿 / 陈璞编著. -- 长春 ： 北方妇女
儿童出版社，2017.5（2022.8重印）
（千秋圣殿奇观）
ISBN 978-7-5585-2010-5

Ⅰ．①传… Ⅱ．①陈… Ⅲ．①寺庙－介绍－中国
Ⅳ．①K928.75

中国版本图书馆CIP数据核字（2017）第315972号

传奇的神殿

CHUANQI DE SHENDIAN

出 版 人	师晓晖	
责任编辑	吴　桐	
开　　本	700mm×1000mm　1/16	
印　　张	6	
字　　数	85千字	
版　　次	2017年5月第1版	
印　　次	2022年8月第3次印刷	
印　　刷	永清县晔盛亚胶印有限公司	
出　　版	北方妇女儿童出版社	
发　　行	北方妇女儿童出版社	
地　　址	长春市福祉大路5788号	
电　　话	总编办：0431-81629600	

定　　价　　36.00元

习近平总书记说："提高国家文化软实力，要努力展示中华文化独特魅力。在5000多年文明发展进程中，中华民族创造了博大精深的灿烂文化，要使中华民族最基本的文化基因与当代文化相适应、与现代社会相协调，以人们喜闻乐见、具有广泛参与性的方式推广开来，把跨越时空、超越国度、富有永恒魅力、具有当代价值的文化精神弘扬起来，把继承传统优秀文化又弘扬时代精神、立足本国又面向世界的当代中国文化创新成果传播出去。"

为此，党和政府十分重视优秀的先进的文化建设，特别是随着经济的腾飞，提出了中华文化伟大复兴的号召。当然，要实现中华文化伟大复兴，首先要站在传统文化前沿，薪火相传，一脉相承，弘扬和发展5000多年来优秀的、光明的、先进的、科学的、文明的和自豪的文化，融合古今中外一切文化精华，构建具有中国特色的现代民族文化，向世界和未来展示中华民族具有独特魅力的文化风采。

中华文化就是中华民族及其祖先所创造的、为中华民族世世代代所继承发展的、具有鲜明民族特色而内涵博大精深的优良传统文化，历史十分悠久，流传非常广泛，在世界上拥有巨大的影响力，是世界上唯一绵延不绝而从没中断的古老文化，并始终充满了生机与活力。

浩浩历史长河，熊熊文明薪火，中华文化源远流长，滚滚黄河、滔滔长江是最直接的源头，这两大文化浪涛经过千百年冲刷洗礼和不断交流、融合以及沉淀，最终形成了求同存异、兼收并蓄的辉煌灿烂的中华文明。

中华文化曾是东方文化的摇篮，也是推动整个世界始终发展的动力。早在500年前，中华文化催生了欧洲文艺复兴运动和地理大发现。在200年前，中华文化推动了欧洲启蒙运动和现代思想。中国四大发明先后传到西方，对于促进西方工业社会形成和发展曾起到了重要作用。中国文化最具博大性和包容性，所以世界各国都已经掀起中国文化热。

中华文化的力量，已经深深熔铸到我们的生命力、创造力和凝聚力中，是我们民族的基因。中华民族的精神，也已深深根植于绵延数千年的优秀文化传统之中，是我们的精神家园。但是，当我们为中华文化而自豪时，也要正视其在近代衰微的历史。相对于5000年的灿烂文化来说，这仅仅是短暂的低潮，是喷薄前的力量积聚。

中国文化博大精深，是中华各族人民5000多年来创造、传承下来的物质文明和精神文明的总和，其内容包罗万象，浩若星汉，具有很强的文化纵深感，蕴含丰富的宝藏。传承和弘扬优秀民族文化传统，保护民族文化遗产，已经受到社会各界重视。这不但对中华民族复兴大业具有深远意义，而且对人类文化多样性保护也是重要贡献。

特别是我国经过伟大的改革开放，已经开始崛起与复兴。但文化是立国之根，大国崛起最终体现在文化的繁荣发展上。特别是当今我国走大国和平崛起之路的过程，必然也是我国文化实现伟大复兴的过程。随着中国文化的软实力增强，能够有力加快我们融入世界的步伐，推动我们为人类进步做出更大贡献。

为此，在有关部门和专家指导下，我们搜集、整理了大量古今资料和最新研究成果，特别编撰了本套图书。主要包括传统建筑艺术、千秋圣殿奇观、历来古景风采、古老历史遗产、昔日瑰宝工艺、绝美自然风景、丰富民俗文化、美好生活品质、国粹书画魅力、浩瀚经典宝库等，充分显示了中华民族厚重的文化底蕴和强大的民族凝聚力，具有极强的系统性、广博性和规模性。

本套图书全景展现，包罗万象；故事讲述，语言通俗；图文并茂，形象直观；古风古雅，格调温馨，具有很强的可读性、欣赏性和知识性，能够让广大读者全面触摸和感受中国文化的内涵与魅力，增强民族自尊心和文化自豪感，并能很好地继承和弘扬中国文化，创造未来中国特色的先进民族文化，引领中华民族走向伟大复兴，在未来世界的舞台上，在中华复兴的绚丽之梦里，展现出龙飞凤舞的独特魅力。

众神之王——玉皇庙

救苦救难——观音寺

中华龙祖——真武庙

风雨济世——龙王庙

玉皇庙

　　玉皇庙是为祭祀玉皇大帝而特别建造的庙宇。传说玉皇姓张，是极其遥远年代的光严妙乐国的王子，是太上老君在宝月光王后梦中赐予孕育的神婴。后来他舍弃了王位，在山中学道修真，辅国救民，度化群生，经历"一亿三千二百劫"才当上玉皇大帝。

　　道教认为玉皇为众神之王，在道教神阶中修为境界并不是最高的，但是神权却最大。玉皇上帝除统领天、地、人三界的神灵之外，还管理宇宙万物的兴隆衰败和吉凶祸福，在民间的信仰非常普遍。

小天下的泰山顶玉皇庙

　　泰山顶玉皇庙位于山东省泰安市，是我国五岳之首泰山主峰天柱峰上的一座庙宇，也是泰山最高的一座庙宇。玉皇庙古称太清宫、玉帝祠、玉皇宫、登封台等，是玉皇大帝的供奉之所。

　　汉武帝登基以后，采取了许多富国强兵的措施，不仅慑服了匈

■ 泰山之巅——玉皇顶

奴，而且还平定了内乱，出现了国泰民安、经济繁荣的局面。汉武帝好大喜功，对自己开创的天下一统的西汉王朝十分得意，便于公元110年3月，率领群臣大规模地到泰山进行封禅活动。

汉武帝来泰山的最高峰天柱峰时，看到以前的帝王来泰山都树碑立传，为自己歌功颂德，对此他特别嗤之以鼻，很是不屑。

■ 玉皇庙大门

他认为自己功德盖世，万民俯首非一小小石碑所能言表，再说立碑铭功，简直俗不可耐，于是便别出心裁，立一通无字碑于泰山极顶，让后世敬仰，以彰显自己高上加高、无以言表的功德。

据说汉武帝命人立石碑的时候，岱顶忽然瑞云飘忽，四面霞光。人们从地下挖出了一卷金简玉函，只见上面写道："武帝刘彻，寿终十八。"

汉武帝看后，顿时觉得心惊胆战，恍惚中把它倒读为"八十"，果然，汉武帝活到80岁而谢世，所以人们也将这块碑称为"石函"。

碑为方柱体，高6米，宽1.2米，厚0.9米。由趺座、削身、帽首三层叠递而成，以示高上加高。碑石上下渐削，石色莹白，通体无一纹饰，形制古朴浑厚，虽然历经千百年的露浸雨湿却丝毫不生苔藓。

玉皇大帝 全称是"昊天金阙无上至尊自然妙有弥罗至真玉皇上帝"，又称"昊天通明宫玉皇大帝"和"玄穹高上玉皇大帝"，居住在玉清宫。在道教道义中，玉皇是众神之皇，神权最大。玉皇大帝统领着天、地、人三界的神灵，同时还管理着宇宙万物的兴隆衰败和吉凶祸福。

传奇的神殿

■ 泰山玉皇顶

据说，每当艳阳普照的时候，石碑便熠熠发光，金光射目，碑中就会隐隐约约显现出几行篆字，内容为歌颂武帝的功德，远视则有，近视则无，可谓是一个奇绝。

后来，汉武帝下令在无字碑后建造玉皇庙，以彰显自己的至高无上。玉皇庙坐北面南，前围垣墙。山门为石砌的券拱，采用单间歇山卷棚顶，门额外镌"敕修玉皇顶"，内镌"泰山极顶"。院内正殿3间，为单檐硬山式结构，顶覆铁瓦，殿内奉祀玉皇大帝及二侍者塑像。

1483年，明宪宗朱见深诏令中使钱喜以内帑金重建玉皇庙，由山门、玉皇殿、观日亭、望河亭、东西道房组成。玉皇庙为一长方形院落，南北宽24米左右，东西长近30米，面积670平方米。

玉皇殿为3间，前后为步廊式，屋面原铺有筒瓦和绿色的琉璃瓦，后在修葺中换成黄色的琉璃瓦，显得庄严而大气。

殿内祀奉的是新铸的玉皇大帝铜像，玉皇大帝是我国道教中的最高神祇，是众神之王，

■ 泰山玉皇庙建筑

也是宇宙的统领者，神龛上原有"柴望遗风"的匾额，说明历代帝王都热衷于登此燔柴祭天，用以祭祀山川诸神，保佑国泰民安。

玉皇大帝身着九章法服，头戴十二行珠冠冕旒，双目下视，其神情既雍容和善，又端庄严肃，自然散发出一种宁静、飘逸、超然的风度，透露出他无上的权威和超神的智慧。

玉皇大帝左边是托塔李天王、泰山石敢当和寿星塑像，右边是太白金星、泰山老母和财神爷。

东配殿里供奉的是观音神像，他相貌端庄慈祥，手持净瓶杨柳，慈眉善目，俯瞰着天下的众生。西配殿里供奉的是财神。整体看来，庙宇建筑错落有致，庄严肃穆，让人忍不住心生崇拜。

院中央立有"极顶石"，上面标志着泰山的最高点，后来在周围围以石栏，额书朱红"极顶"二字，

众神之王 玉皇庙

寿星 是我国神话中的长寿之神。本为恒星名，是福、禄、寿三星之一，又称南极老人星。在画像中，寿星常为白须老翁，持杖，额部隆起，是长寿老人的象征。常衬托以鹿、鹤、仙桃等，象征长寿。

传奇的神殿

并有"海拔1545米"的标记。"东天一柱"和后来郭沫若题写的《观日诗碑》傍列其侧。

极顶石的西北侧有"古登封台"碑刻，表明历代帝王封泰山时多在此设坛祭天。

因为泰山是天的象征，于是号为天子的君王们都与泰山结下了不解之缘。自原始社会晚期至封建社会后期，逐渐在我国历史上形成了一种极其隆重的旷世大典，也就是封禅大典。

凡是易姓而起或功高德显的帝王，自认为会被天神赐予吉祥的符瑞，他便有资格到泰山报告成功，答谢受命于天之恩，据记载，共有12位帝王到泰山举行封禅祭祀活动。

1572年8月，河道总督万恭治河成功，明穆宗朱载垕特祀泰山，并立《表泰山之巅碑》。碑阳书有"泰山之巅"4个大字，文勒碑阴，书法刚劲有力，

■ 泰山极顶

泰山玉皇顶

雄健洒脱。碑原立于顶石之旁。

同年，在殿前增建观日、望河二亭。观日亭可看旭日东升、晚霞夕照，望河亭可赏黄河金带、云海玉盘等奇观。

1684年，清康熙皇帝下令在东南宽敞的平顶峰建乾坤亭，上刻"孔子小天下处"，以示对泰山的崇拜和对孔子的崇敬。

此外，在泰山玉皇庙周边还有大量的石刻和碑碣，集我国书法艺术之大成，真草隶篆各体俱全，颜柳欧赵各派毕至，是我国历代书法及石刻艺术的博览馆。

阅读链接

关于泰山无字碑的来历，还有其他的说法。世人多传为秦始皇立，说秦始皇在统一六国之后，认为自己功德难铭，于是，一字不鏊地立了无字碑。

当然，也有人认为这块碑原本是有字碑，在泰山顶经过长期的风雨侵蚀，使得碑上原有的文字被风化，以至于剥落殆尽，最终形成了无字碑。

木构阁楼的天津玉皇阁

天津玉皇阁位于老城东北角南侧，是北运河与海河交汇处的三岔口西岸，邻近海河，坐西朝东。始建于1368年的明朝洪武年间，后来经过历朝的修葺，成为古代天津规模最大的道教建筑群，已经有600多年的历史了。

天津玉皇阁原有的建筑群落十分庞大，由旗杆、牌楼、山门、钟鼓楼、前殿、八挂亭、清虚阁、南斗楼、北斗楼以及三清殿组成，其中的清虚阁是庙内的主体建筑。

天津玉皇阁

到了近代，由于各种原因，玉皇阁的建筑群落遭到了严重的破坏，清虚阁是玉皇阁建筑群中唯一保留下来的一座明代建筑，也是天津年代最早的

一座木结构楼阁，但依然沿用了玉皇阁的名称。

清虚阁建在用砖石垒成的台基上，台基高1.5米左右。台阶踏步6级，两侧设有垂带石。整个楼阁分为上、下两层。九脊歇山顶，占地面积近300平方米。

其中的梁架结构具有明显的明代风格。梁上依旧可以清晰地看到一条条的"千秋带"，上面清楚地记载着历朝为它修缮的年代。

清虚阁上层檐下设有木制回廊，廊进深1.1米，方形檐柱，宝瓶式栏杆，站在廊中可凭栏远眺，四方景色尽在眼底。

殿内主要供奉的是在道教神系中地位仅次于三清的玉皇大帝，它是道教世界中级别最高的神明之一。但在民间的神仙世界中，玉皇大帝却是众神之王，统领三界十方，就连人间的皇帝也由它管辖，因此玉皇大帝也就成为了人们心目中的世界主宰。

台基 建筑用语，即台的基座，又称基座。在建筑物中，系高出地面的建筑物底座。用以承托建筑物，并使其防潮、防腐，同时可弥补我国古建筑单体建筑不甚高大雄伟的欠缺。大致有4种：普通台基、较高台基、更高台基和最高台基。其中最高台基常用于最高级建筑，如故宫三大殿和山东曲阜孔庙大成殿。

■ 天津玉皇阁

玉皇大帝身穿九章法服,头戴十二行珠冠冕旒,手持玉笏,金童和玉女分侍两边。玉皇大帝一副秦汉帝王的装扮,是人间帝王形象的生动再现。

在玉皇大帝神像的两侧,配祀有斗姆神像和两尊侍奉在玉皇大帝身边的侍者,其中的一尊侍者就是"三只眼的马王",是守护玉皇大帝的天神。

马王也叫"灵官",是道教中的护法神将。马王赤面髯须,身披金甲红袍,三目怒视,左持风火轮,右举钢鞭,形象极其威武勇猛。

斗姆神像则为额生3目,肩扛4头,左右各有4条长臂,正中两手合掌,其余各手分别执有日、月、宝铃、金印、弓、戟等。斗姆威镇中天,统领三界,是诸天法王之师。

相传斗姆在每年的庚申、甲子、三元八节之日就会下降到人间解厄赐福。

天津玉皇阁楼阁的顶盖为九脊歇山顶,檐心为黄色琉璃瓦，脊兽和檐头瓦是绿色琉璃瓦。

这种建筑做法在古代建筑中是极为少见的，是当时天津等级规格最高的木结构楼阁。殿内四周墙壁上绘有许多壁画，雕梁画栋，栩栩如生。

至后来，由于年久失修，玉皇阁建筑已经残破不堪，墙内14根檐柱全部糟朽，上、下层檐头翼角变形严重，瓦屋面瓦件、脊饰件残缺损坏。

屋面灰背开裂、漏雨严重，油饰地仗已剥落，室内外彩画破旧难辨，已经失去保护木构件和美化建筑物的作用。地面、台明、墙体、楼板、栏杆等均有不同程度的损坏。

于是朝廷按照"修旧如旧，恢复原貌"的方案，沿用原建筑材料，将一些风雨侵蚀严重的部位，根据历史资料最大限度地将其恢复。

■ 天津玉皇阁大殿

传奇的神殿

■ 天津玉皇阁打铜眼

祭星 民间以正月初八为众星下界之日，制小灯燃而祭之，称为顺星，也称祭星、接星。古代重要祭礼之一。每年春至，天子出东郊设坛而祭祀星辰。每年正月初八晚上星斗出齐后，各家都要举行一个顺星的祭祀仪式。

玉皇阁内的精致彩画，对于无法保留的，组织专门人员按原彩画的色调和工艺进行重新描画，使得这座明代古典楼阁式建筑重新焕发出了光彩。

玉皇阁濒临三岔河口，是津郡明清时期重要的民俗活动场所之一。每逢"九九"重阳节，四乡人士云集此处，登高赏菊，盛极一时。

1722年在天津任盐官的鲁之裕写的《玉皇阁》中说道：

直在云霄上，蓬瀛望可通。
万帆风汇午，一镜水涵空。

写出了玉皇阁巍峨高耸，视野开阔，以及海河平如明镜，百舸竞先争流的景象。

　　一年当中，民间对玉皇大帝的祭祀活动主要有两次，一次是农历正月初九的玉皇诞辰庆典；一次是农历腊月二十五的玉皇出巡庆典。届时，善男信女纷纷前来敬香，玉皇阁内道士也要举办规模隆重的道场，诵经礼忏，迎接玉皇御驾。

　　玉皇阁外，民间各路表演团体前来献艺，来自各地的商贾也云聚于此销售各种商品，这自然形成的庙会为阁内外呈现出一派繁华热闹的景象。

　　除此之外，在玉皇阁举行的其他活动还很多，如农历正月初八的"祭星"活动，用以祈福求顺。九月初九的"攒斗"和重阳登高则用以消病免灾。攒斗是一项祭祀斗姆的活动。

　　民间传说农历九月初九是斗姆元君的生日，在此

道士 信奉道教教义并修习道术的教徒的通称。道士作为道教文化的传播者，又以各种带有神秘色彩的方式，布道传教，为其宗教信仰尽职尽力，从而在社会生活中，也扮演着引人注目的角色。道士之称始于汉朝，当时意同方士。在道教典籍中，男道士也称乾道，女道士则相应地称坤道。黄冠专指男道士时，女道士则相应地称为女冠。

众神之王

玉皇庙

■ 玉皇阁

之前，人们要到玉皇阁进香，为斗姆上寿，以求能够增福延寿，消灾免劫。

玉皇阁内的道士们要将人们所进贡的香一层一层地摆在山门里院中斗座上，堆累成为粗大的圆形高柱，人们称之为"攒斗"。

"斗"，实际上是用香堆集而成的香柱，人们所攒的"斗"底盘直径可达2.7米左右，高约5.3米，自农历九月初八夜半时分点燃。

人们认为这个时候是斗姆下界接受香火的时候，点燃是为了给斗姆接驾。

这时，道士还要诵经做北斗会，"斗"可一直燃烧至农历九月十五，历时一周，遇到雨水也不会熄灭，十分神奇。

玉皇阁是天津唯一的明代木结构楼阁，虽然红漆大柱已经斑驳，而建筑整体却仍旧散发出浓浓的历史文化底蕴，给人庄严肃穆之感。

传奇的神殿

阅读链接

斗姆在传说中是远古一个国家的王妃，名叫紫光，其性情温顺、贤惠。一年春天在莲池中感生9子，老大勾陈星后来成为玉皇大帝，老二北极星成为紫微大帝，其余7子为北斗七星，分别为贪狼、巨门、禄存、文曲、廉贞、武曲和破军。

紫光夫人因生9子有德，被封为"北斗九真圣德天后"。天后宫和玉皇阁内都供有斗姆神像。斗姆的大悲大愿就是"众生有难若称名，斗姆寻声来救苦。"

所以斗姆在人们心目中一直都是解厄、赐福、消灾、禳命、有求必应的祖师，道教中还有专门朝礼斗姆的祈禳仪式。

城防功能的蔚县玉皇阁

蔚县玉皇阁位于河北省西北部，是供奉玉皇大帝的神庙。蔚县古称蔚州，故其标准称谓应是"蔚州玉皇阁"。

1374年，明太祖朱元璋设蔚州卫。

1377年，卫指挥使将蔚州土城改建为砖城，辟东、西、南三门，正北无门，并在城墙上建起了玉皇阁，与三门遥相对峙。玉皇阁是蔚

■ 蔚县玉皇阁大殿

■ 蔚县玉皇阁侧面

传奇的神殿

斗拱 亦作"枓栱",我国建筑特有的一种结构。在立柱和横梁交接处,从柱顶上的一层层探出呈弓形的承重结构叫拱,拱与拱之间垫的方形木块叫斗。两者合称斗拱。也作枓栱。由斗、拱、翘、昂、升组成。斗拱是我国建筑学会的会徽。

州古城的屏障,起着瞭望敌情、防御外敌入侵的重要作用。

玉皇阁坐北朝南,总面积为20 000多平方米,由前后两院组成。前院为天王殿、东西禅房和东西厢房,均为硬山布瓦顶建筑,北端的玉皇阁和东西相对的钟鼓楼二楼组成后院,钟鼓楼为重檐布瓦顶方亭。其中,天王殿和玉皇阁大殿分布在同一条中轴线上。

天王殿面宽3间,进深两间,脊檩下题"大明万历二十八年岁次庚子孟冬朔月旦元吉创立"。天王殿配有东西正禅房各3间,东西下禅房各3间。

天王殿两侧各有小式硬山布瓦顶角门一座,通过18步石砌台阶就可以直通正殿。

正殿分上中下三层阁楼,都采用了面宽3间,进深两间的建筑布局,为三重檐歇山琉璃瓦顶。

正脊为琉璃花脊,两端砌有琉璃盘龙,脊上有泥塑彩色八仙人,边脊砌大吻跑兽,四角脊梢下装有兽头，上悬挂有铁铃，微风吹来，叮当作响，气势非凡。

玉皇阁大殿为三檐两层楼阁式，上阁楼上悬挂有"玉皇阁"横匾。在第二层楼阁的中间又向外兀突出一檐，下设有游廊一周。

宫人们顺游廊四顾，在环廊上，可以北俯壶流河迤逦如带，南眺翠屏山云雾环绕，西顾则山明水秀，东望则村落疏密，山川阡陌，尽收眼底，美不胜收。下阁楼悬挂有"靖边楼"横匾，并建有前出廊。

玉皇阁有木柱36根，通贯3层，支撑着整个楼阁。柱上部施栏额和普柏枋，普柏枋上施斗拱，上檐和腰檐斗拱宏大简单，下檐斗拱用材较小，是后世重修时更换的。整个建筑木架全部采用油饰，彩绘则采用"和玺"和"苏式"图样，显得古朴而大雅。

三界 本来为宗教术语。道家所说的"三界"是指天、地、人三界，指的是整个世界或是宇宙范围。在佛教术语中指众生所居之欲界、色界、无色界或指断界、离界、灭界等3种无为解脱之道。在萨满教术语中三界则指宇宙的上、中、下三界。

017

众神之王

玉皇庙

■ 蔚县玉皇阁牌匾

三元大帝 又称"三官大帝"，是道教的神灵。源自上古时代我国先民对天、地、水自然现象的崇拜，认为宇宙万物生成和生长都离不开天、地、水3种基本元素，合称"三元"。逐渐形成为对天官、地官、水官3位天神的固定祭奠日期，称这三天分别为上元节、中元节和下元节。

■蔚县玉皇阁

玉皇阁大殿殿内正面塑有玉皇大帝神像，高4米左右，双眼狭长，半睁半闭，一手执天书，一手置于膝上，威严中还带有一丝倦意，仿佛是处理完三界事务后仍坚持读书、阅卷。

在玉皇大帝身后站立着两位宫女，手执宫扇，仪态万方。在玉皇大帝塑像两侧的墙壁上，绘制着大型人物壁画《封神图》、三元大帝及王母娘娘。

殿内东西两侧的墙壁上同样绘制有大型的壁画，东壁画长7.4米，高2.5米。北壁画长12.8米，高2.5米，绘有"三十六雷公"。帝王威严，雷公狰狞，侍者秀美，场面宏大，色彩艳丽，人物形象栩栩如生，是不可多得的艺术珍品。

梁上钉有长方形木匾3块，均为后世修葺过程中所置，分别为1683年康熙皇帝御赐、1764年乾隆皇帝御赐、1897年光绪皇帝御赐的匾额。

阁楼前的出廊内立有8通石碑，其中有7通是重立碑，分别为1614年的万历年间所立的一通、1719年康熙年间立的一通、1780年乾隆年间立的一通、1896年光绪年间立的一通、1897年立的两通、1898年立的两通以及1900年所立的一通重修碑记。

相传在明朝嘉靖年间秋天，外敌侵犯紫荆关，山西布政使司右参议、进士苏志皋奉命赴蔚州征催粮饷，并督促大军经蔚州飞狐峪进发涞源，以增援紫荆关。

■ 蔚县玉皇阁建筑

苏志皋在蔚州的时候，忙里偷闲，乘月夜登上了玉皇阁，在环廊上环视周围群山，有如众位列仙骖鸾跨凤翱翔其间，不由得诗兴大发，作小词一阕，名曰《天仙子》，词中说道：

青帝祠前赤帝祠，
步虚声里梦回时，
羽轮归去鹤书迟。
山吐月，水平堤，
泠泠玉露湿仙衣。

后来，人们将这首词镌刻于碑上，并立在正殿的前廊。石碑为青石琢成，高2米，宽1米，碑顶呈弧

019

众神之王

玉皇庙

布政使司 明清两朝的地方行政机构。明朝时为国家一级行政区，简称布政使司、布政司、藩司，负责一级行政区的民事事务。布政使司设左、右承宣布政使各一人。清朝沿袭明制，但布政使司辖区直接通称为"行省"，并在各省布政使之上设置固定制的总督、巡抚掌管全省军民事务。

形，座为龟趺。碑上所刻的字体为草书，洒脱流利，雄浑苍劲，字体飘逸潇洒。

整个词碑保存得十分完整，颇具书法研究价值和古诗研究价值，是后世历代文人墨客拓摹学习的文化艺术珍品。此外，在阁楼的檐下还悬挂有"雄姿千秋""历古阅今""槛外云归""云蒸霞蔚""目穷千里"等匾额，这些匾额使得这座古老的建筑焕发青春，显得越加壮观雄伟。

在楼前月台的东南角建有钟楼，西南角建有鼓楼，均为重檐歇山布瓦顶。

玉皇阁气势雄伟，构造讲究，是将城防与道教功能合为一体的建筑，自从建造之后的数百年间，虽历经风雨剥蚀和战乱兵灾，但几经后世的修葺和重建，依然完整地矗立在高高的城垣之上，具有明显的明代建筑风格，表现出了古代能工巧匠的高超技艺和智慧，是研究明初建筑艺术的重要实例。

阅读链接

传说一次玉帝与众神一起周游人间，当他们到蔚州时已经是子夜时分。只见这里鲜花盛开，城外绿草如茵，百姓夜不闭户，万家灯火辉煌，一派宁静祥和景象。

玉帝触景生情，伸手一指说："好美的一座小城！"

不料，一本天书从衣袖中甩出坠落人间。玉帝忙派众神寻找天书。于是，当晚城中百姓做了同一个梦，梦中一个穿蟒袍的天神四处寻书。第二天，县令就张贴告示悬赏寻书。

3天后，果然有人前来献书。县令将书放于公案上。半夜，公堂大风骤起，天书不翼而飞，只留下一纸，上写："玉帝来此一游，不慎失落天书……"后来，人们就在捡到天书的地方建造起了阁楼，并取名玉皇阁。

宫廷建造的北山玉皇阁

　　玉皇阁位于吉林省吉林市北山主峰之巅，借山势高低错落而建，是北山古寺庙群中最雄伟壮观的庙宇。

　　我国的正统建筑，都讲究中轴对称，玉皇阁也不例外。玉皇阁掩映在绿色的树丛中，是北山寺庙群中规模最宏大、气势最雄伟的一座

玉皇阁山门

庙宇。北山玉皇阁始建于1776年的清朝乾隆年间，由宽真大师选址建造。宽真大师曾为宫廷内的伶人，后来看破红尘，皈依佛门。

当他四处云游来到关东吉林后，钟情于北山的山水风光，于是开始化缘募资建造玉皇阁。

仅一年多的时间，玉皇阁便全面竣工，殿阁高楼依山而建，飞檐斗拱，雕梁画栋，蔚为壮观。

据宽真的门徒仁端所记载：

> 仰其势则凌云也，望其气则隐露也，烟霞迷离，晶彩掩映，猗欤休哉，真宝刹也。欣羡久之，盘磴登之，见阁上赫然者玉帝也；阁之下森然者三仙也；阁之左右近附者两庑；东西远翼者两亭也；阁之前屹然耸立

传奇的神殿

■ 玉皇阁香火鼎盛

者牌楼也；继则灵官殿也；异则祖师堂也。
不禁喟然叹曰，宽真之志大矣哉！

■ 玉皇阁内建筑

玉皇阁前为10余级高耸的石阶，山门天王殿门廊两侧是两座小巧的侧门，侧门两边东为钟楼，西为鼓楼，使玉皇阁在正面形成了一庙三门、晨钟暮鼓、威楼高耸、巍峨雄浑的气势，威严肃穆。

天王殿右侧立有东方持国天王和西方广目天王，左侧则为南方增长天王和北方多闻天王。这四大天王也称护世四天王，它们各守一方，是佛教的护法神。

东方持国天王能护持国土，塑像身着白色，手持琵琶，可以用音乐让众生皈依佛教。

南方的增长天王能令他人皈依增长，塑像浑身为青色，手持宝剑，用来保护佛法不受侵犯。

西方广目天王能以净眼观察世间，塑像周身为红

琵琶 一种传统的弹拨乐器，已经有2000多年历史。最早被称为"琵琶"的乐器大约在我国秦朝出现。"琵琶"二字中的"珏"意为"二玉相碰，发出悦耳碰击声"，表示这是一种以弹碰琴弦的方式发声的乐器。"比"指"琴弦等列"。"巴"指这种乐器总是附着在演奏者身上，和琴瑟不接触人体相异。

色，手中缠绕一龙，如遇到有人不信佛教，就将他捉去，教化其皈依。

北方多闻天王拥有护持人们的财富，塑像身为绿色，右手持伞，左手持银鼠，手中的宝伞是用来降服众魔的。

寺庙内中轴线东侧为祖师殿，殿内供奉的是释迦牟尼佛、道教祖师老子和儒教圣人孔子的塑像。两侧则供奉的是各行各业的祖师，共计16人。

右侧8人为药圣李时珍、建筑祖师鲁班、烧炭祖师孙膑、制军祖师诸葛亮、外科鼻祖华佗、道教北五祖之一的吕洞宾、棉纺织业祖师黄道婆和诗圣杜甫。

左侧8人为造纸祖师蔡伦、制盐祖师沈括、命相祖师姜太公、造笔祖师蒙恬、佛教禅宗祖师达摩、造酒祖师杜康、茶圣陆羽和造墨祖师吕祖。

三教合一，诸业同堂，是玉皇阁中最大的一个特

■ 玉皇阁大门

色。中轴线西侧为老郎殿，主位供奉的是梨园祖师唐明皇李隆基，配祀财神爷赵公明和文曲星。每逢农历三月十八伶人节的时候，各个戏院都会停演，并前往老郎殿焚香顶礼膜拜。

祖师庙与老郎殿之间为"天下第一江山"牌坊，是清朝道光年间的大学士、将军松筠所书。匾额长为1.8米，宽为0.6米。左下落款是：松相甫相国遗迹，山下布衣张书绅昱。

朵云殿是玉皇阁中最雄伟的一座建筑，朵云殿西侧为大雄阁，阁内正中供奉释迦牟尼佛，两厢是十八罗汉，栩栩如生，姿态各异。佛祖背后站立着的是护法菩萨韦陀驮。

大雄阁西前侧是万绿轩，是后来在修葺玉皇阁的时候增建的，是吉林文人墨客的荟萃之地。

"万绿轩"的匾额是被称为"吉林三杰"之一的

■ 吉林北山玉皇阁雪景

老子（前571—前471），即李耳，字聃。是我国古代伟大的哲学家和思想家、道家创始人，被唐朝帝王追认为李姓始祖，存世有《道德经》，其作品的精华是朴素的辩证法，主张无为而治，其学说对我国哲学的发展具有深刻的影响，在道教中老子被尊为道教始祖。

近代著名诗人和书法家成多禄所题写。成多禄还题了副楹联：

五载我重游，桑海高吟诗世界。
一层谁更上，乾坤沉醉酒春秋。

西耳房有晚清东三省的总督徐世昌所题写的行书楹联：

泰华西来云似盖，大江东去浪淘沙。

后来，吉林督军孟恩远在此题了一笔"虎"字。再后来，近代将军张作相也曾题写了一副楹联：

仙吏本蓬莱，夜雨名山寻梦偶来香案地。
江城似图画，春风绮陌踏青遥见玉珂人。

朵云殿右侧有一棵古松，苍枝遒劲，生机盎然，格外引人注目。相传是开山祖师宽真和尚在清朝乾隆年间亲手种植的。

吉林北山玉皇阁

沿着朵云殿与弥勒殿中间的砖铺甬道走向后院，霎时豁然开朗，青石板铺就出一片整齐洁净的院落。

左侧是仿古新建的斋堂和念佛堂，为二层小楼；右侧为僧象寮房，是正德法师为解决常住僧众吃住问题而修建起来的。

玉皇阁后门的门楣之上，是"岚云横护"4个大字。玉皇阁后有一块平地，建有两座青砖宝塔，内存开山祖师宽真和尚的灵骨，异常珍贵。

■ 玉皇阁内香炉

阅读链接

吉林市北山原名为九龙山，9座山头形成了左辅右弼之势。

清朝康熙年间，玄烨在东巡吉林之时，听说九龙山符合《易经》八卦之说，具有王都之兆，是天下少有的"藏龙卧虎"之地。

康熙听到这个奇谈之后，就非常害怕在吉林出现"草龙"争天下的局面，于是他左思右想，派吉林将军带领清兵铲掉了九龙山的9座山头，破坏了当地的帝王风水，这才放心地回到了京城。

后来，初到吉林上任的松筠将军听到这个事情之后，就感到非常惊奇，关东向来都是苦寒之地，竟然也有如此帝王之说。他回到将军署衙门之后，激情一直涌动，便奋笔泼墨挥写了"天下第一江山"匾额，并派人悬挂在了玉皇阁庙中。

玉皇山巅的通化玉皇阁

　　吉林省通化市玉皇阁位于玉皇山，玉皇山南临江流，巍峨峭拔自成奇峰。山下浑江波荡清涟，山石倒映水中，春花秋叶，绯红点点片片，朝照红霞，暮阳如血。

　　玉皇山蓬蒿之间有数处小庙，供奉山神、土地、狐仙、老把头

■ 通化玉皇山全景

■ 玉皇山望江亭

等，在民间向来都有"庙小神通大"之说，所以山上常年香火不断。

1877年，是清朝光绪皇帝执掌天下政权，李宗顺和李宗和两兄弟在佟佳江江畔北岸的山巅上建庙宇一座，名为玉皇阁，此山因此而被人们称为玉皇山。

1891年，当时的通化县县令潘德荃奉令重新修葺了玉皇阁，并新增建了关岳庙、龙王庙、老母庙，后来仅剩玉皇阁一层。

在玉皇阁前面，还有东西两座山门，据说，山门早年有副木雕的对联，写的是：

暮鼓晨钟警醒尘寰名利客，

讲经说法唤回苦海梦迷人。

山门连接马殿3间，殿内左有岳飞的白马，右有

吕布 字奉先，东汉末年名将，汉末群雄之一。坐骑为赤兔宝马，手持方天画戟，天下无双，先后为丁原、董卓的部将，也曾为袁术效力，曾被封为徐州牧，后自成一方势力，在下邳被曹操击败并处死。吕布向来是以"三国第一猛将"的形象存在于人们的心目之中。

■ 雪后的玉皇阁

关公赤兔马，两侧皆侍立马童。

赤兔马本名为"赤菟"，是一匹红色的宝马，但性子像老虎一样的刚烈，据说为汗血宝马。赤兔马一直是好马的代表，所谓"人中吕布，马中赤兔"。

在三国时期，赤兔马最早为西凉刺史董卓的坐骑，后被董卓用来收买丁原的义子吕布。吕布死后，赤兔马被曹操赏赐关羽，一直跟随着关羽厮杀战场，关羽败走麦城被杀后，赤兔马思念旧主，绝食而死。

人们崇祀关羽忠义的同时，感念赤兔马的忠烈，就为赤兔马特别建造了马殿供奉香火。

出马殿则是一座方砖铺地的庭院，院中有古柳一棵，柳下有一泉眼，水甜而洌，冬暖夏凉，人称"神水"。

■ 玉皇阁大门

此外，在院中还有纸亭和香亭，拾级而上便是一层殿，为9间。檐牙高挑，檐头雕有香炉、马、车轮、八卦图等图案。房脊上雕制有海豹、海猫、海狮，两端房脊上还雕制有咆哮的龙头。

周围两米高的绛红色的围墙上，镶嵌着扇形、圆形、方形和梅花形等各式各样的小窗，别致典雅。殿内祀孔子、关公、岳飞像。

孔子一生从事传道、授业、解惑事业，被尊称为"至圣先师，万世师表"。孔子的思想对后世产生了极其深远的影响，被尊称为孔圣人、至圣、至圣先师、万世师表。

关羽在战火纷飞的三国时期，始终跟随蜀汉开国皇帝刘备，忠心耿耿，才成就了蜀汉大业。关羽对国

刘备 （161—223），字玄德，东汉末年幽州涿郡涿县人，是三国时期蜀汉的开国皇帝，谥号昭烈皇帝，又称为先主。他为人忠厚，知人善用，礼贤下士，以仁德而被世人所称赞。刘备得关羽、张飞的生死相助，于公元221年在成都称帝，国号汉，年号章武，两年后病逝于白帝城。

以忠、待人以义、处世以仁、作战以勇，深受人们的崇敬。

岳飞被誉为宋、辽、金、西夏时最杰出的军事统帅，同韩世忠、张俊、刘光世并称为南宋中兴四将。

前殿两庑6间是十方堂，东西两角建有钟楼和鼓楼，楼高约12米。出一层殿院拾阶而上便是后殿，为9间，殿内祀玉皇大帝、太上老君、轩辕黄帝像，周围墙壁上绘制有大量的壁画，绘制精美，令人惊叹。

玉皇阁修建在山巅，依山势由下而上构筑，雄伟壮观，古朴典雅，环境幽静，是吉林道教恢复宗教活动的最大道观。

每年农历四月十八是玉皇山庙会，时逢桃红柳绿春暖花开，是通化一年一度最热闹的日子，善男信女倾城而至，庙会上杂货摊床，应有尽有，展现着一派古老传统的民风民俗。

周围数百里的人们都来赶庙会，香客数以万计，香火鼎盛。如果是遇到风调雨顺的大丰收年景，那就更加热闹了，门前的对台大戏可以接连唱上3天，好不热闹。

传奇的神殿

阅读链接

其实，狐狸在先秦两汉时期，地位是非常尊贵的，与龙、麒麟、凤凰一起并列称为四大祥瑞之一。在大量的汉代石刻和画像以及砖画中，经常出现九尾狐与白兔、蟾蜍、青鸟并列于西王母座旁的现象，用来表示祯祥。

甚至还有的人总结说狐狸具有三德：毛色柔和，符合中庸之道；身材前小后大，符合尊卑秩序；死的时候头朝自己的洞穴，是不忘根本。所以，在当时看来，狐狸是符合帝王对臣子和百姓的要求，以至于狐狸在夏至汉2000多年的时间里，生活得非常滋润。

观音寺

　　观世音在我国民间被称为救世菩萨、救世净圣、大悲圣者、莲花手等。观音菩萨是位大慈大悲的菩萨，能现三十三身，救十二种大难，遇难众生只要念诵其名号，菩萨就能立即听到，并前往拯救解脱众生，所以被称为"大慈大悲救苦救难观世音菩萨"，简称"大悲观音菩萨"。

　　观音菩萨以大悲救度为突出特点，民间认为是最完美的菩萨，可以与佛陀相媲美。在我国各地建有众多供奉观音菩萨的寺庙，有河北青县观音寺、福建厦门观音寺、海南三十三观音堂以及重庆南岸观音寺等。

长兴施大　　圆通宝殿　　波普航慈

唵　嘛　呢　叭　唉　吽

观音寺

水上寺院的青县观音寺

河北青县观音寺东临大海，西临涧，南控齐鲁，北锁幽燕，地理位置非常优越，是我国历代高僧的仰慕之地，声名远扬。

据清朝的《青县志》记载，观音寺始建年月无从考证，在1867年的同治年间进行过修葺。之后，许多帝王墨客到此观瞻凭吊。

观音佛像

信士
夏玲
李昌青敬献
李德优

观音殿

观音寺在康乾盛世之时，香火异常鼎盛，同治与咸丰年间都进行过重修，之后随着清王朝的衰落，国弱民贫，观音寺也失去往日的风采，至清末民初仅剩下一些残垣断壁。

后来，佛教大师释仁宽募资，重新修建。新建的观音寺占地4000多平方米，由山门、鼓楼、天王殿、施无畏佛殿、东方三圣殿、退居寮、西方三圣殿、方丈寮、僧寮等组成。

观音寺坐北朝南，东西宽50多米，南北长80多米，它的正面是山门，也叫"三门"，即无相门、空门和无作门。三门的建筑风格采用了重檐歇山式，在我国古代社会中，只有帝王的宫室才可以设三门，其他官宦舍宅均不得设三门。

三门两旁是4只威武的石狮子，代表着辅正摧邪。三门中间的台阶上饰有滚龙石雕，叫作"御道"，御道上的5条龙翻云吐雾，喻义五龙捧圣，是一般人所不能逾越的雷池，只有帝王才能踏足。

三门西边是鼓楼，东边是钟楼，晨昏时钟鼓同起同止，晓击则破

韦驮 是佛的护法神。相传他姓韦名琨，是南方增长天王属下八大神将之一，位居32员神将之首。从宋代开始，我国寺庙中供奉韦驮，称为"韦驮菩萨"，他常站在弥勒佛像背后，面向大雄宝殿，护持佛法，护助出家人。

长夜、警睡眠；暮击则觉昏衢、疏冥昧。

三门后面的第一座大殿叫作"天王殿"，殿内供奉的是笑口常开、袒胸露脐的弥勒菩萨。弥勒菩萨左手提布袋，右手握佛珠，慈眉善目，笑容可掬。

在弥勒菩萨的两边是一副对联：

大肚能容容天下难容之事，

慈颜便笑笑天下可笑之人。

这副对联既诙谐幽默，又富含佛教哲理，意在告诉世人要有容忍精神，要有能容天下之事的海量，不忍则生百病，生百祸。

在弥勒菩萨的背后是韦驮菩萨。韦驮是四天王所有32员神将中的为首天将。

由于夙世以童贞身，修梵行业，亲受佛嘱发宏

■ 天王殿

■ 弥勒佛像

愿，护法安僧，连天王相见还须起立，向他致敬。所以韦驮手中的武器叫作降魔宝杵，是镇压邪魔恶鬼，保护佛法道场用的武器。

天王殿后面是观音寺的主大殿，叫"施无畏佛殿"。大殿的前面有两通石碑，石碑下面的神兽叫赑屃，是龙的9子中的其中一个，又名霸下。形似龟，善负重，长年累月地驮载着石碑。据说触摸它能给人带来福气，只要摸一摸赑屃的头，就可以一生不发愁。

大殿东边是观音寺的记事碑，记载着观音寺的历史。西边的石碑是为津塘大慈善家立的无字丰碑。

施无畏佛殿的主大殿中供奉的是观世音菩萨，他结跏趺坐，慈祥庄严，龙女和善财童子站立两旁。

佛经记述龙女是婆竭罗龙王的小女儿，龙女自幼智慧通达，8岁时已成熟，在法华会上当众示现成佛。为辅助观音菩萨普度众生，龙女又由佛身示现为童女身，成为观世音菩萨的右近侍

结跏趺坐 一种坐法。坐法之一即互交两足，将右脚盘放于左腿上，左脚盘放于右腿上的坐姿，此坐法为最安稳而不易疲倦。又称交一足为半跏趺坐、半跏坐，为圆满安坐之相，诸佛皆依此而坐，故又称如来坐、佛坐。

红尘 指俗世，在李唐王朝开始使用，因为长安在西北，是黄土地质，在盛世之下的长安总是车水马龙，在夕阳下卷起的尘土在当时长安人看来是红色的，故有红尘之说，后来佛教把这个词用来形容俗世。

善财童子因"生时种种珍宝自然涌出"，无数财宝与之俱来而得名。尽管家财万贯，但善财看破红尘，视财产如粪土，发誓修行成佛。在文殊菩萨的指点下，善财童子历访53位名师而进入佛界。

最后在普陀洛迦山拜谒观音菩萨，得到观世音的教化而示现成菩萨。为了辅助观世音普度众生，善财现童子身，成为观世音菩萨的左近侍。

主殿东边的配殿是东方三圣殿，中间供奉的是东方药师琉璃光如来，是东方净琉璃世界的教主，又称大医药师佛。因为他能使众生离苦得乐，能脱众生的病痛、苦难和灾害，所以人们都称他为"消灾延寿药师佛"，也称"大医王佛"。

当他在行菩萨道时，曾发了十二大愿，每愿都是为了满众生愿、拔众生苦、医众生病。

两边的菩萨为日光遍照菩萨和月光遍照菩萨，能够照亮世界给众生光明。他们护持在大医王佛的左右，

■ 大雄宝殿匾额

和大医王佛一道救助众生。

西边是西方三圣殿，供奉阿弥陀佛、观世音菩萨和大势至菩萨，他们和东方三圣殿中的三尊佛像是我国北方寺院中唯一供奉的铜制贴金五彩佛像，尊贵异常。

此外，还有退居寮、方丈寮、僧寮、斋堂等，是僧众净修、起居、吃饭等的场所。

大雄宝殿位于施无畏佛殿之后，大雄宝殿东为伽蓝宝殿，西为方群灵护法宝殿，主体大雄宝殿分为3层，一层是地藏殿，建在水下；二层和三层分别是水上大雄宝殿和藏经阁。

名殿犀台之间，有青石小桥相连，水中种植莲花，是我国北方第一座水上寺院，总面积近5000平方米，建筑面积3300平方米，十分珍贵和难得。

阅读链接

相传在我国五代梁朝时，奉化地方有一位和尚，经常背着一个布袋，终日奔走，劝诫人们信奉佛教，久而久之，人们就将这个和尚称为布袋和尚。

布袋和尚一生功行都异乎常人，在临终时，他对自己的弟子说了一首偈："弥勒真弥勒，分身千百亿，时时示世人，时人自不识。"

于是，此后各汉传寺院里都以这位布袋和尚的形象作为弥勒菩萨，并供奉在山门后的第一座大殿里，弥勒菩萨经常笑口大开，以欢喜相迎接来自四方的众生。

上万佛尊的厦门观音寺

福建省厦门观音寺位于仙岳山东麓，由山门、观音寺、大悲殿、万佛塔、五观堂、香积厨等组成，总建筑面积达9000平方米。

山门屹立在仙岳山山下，坐西朝东，是一个三间四柱式的牌楼，有琉璃瓦覆顶，中间榜书"观音寺"3个大字，色彩绚丽，气宇轩昂。

观音寺坐西北向东南，整座寺院布局合理，构思巧妙，正立面前为二层后为三层，中间二层左右各三层。正面三楼屋顶采用歇山式，坡分前后。两边楼屋屋顶也为歇山式，坡分左右。

一层大殿为拜亭，廊檐外凸，殿堂高大宽敞，左右墙壁上

厦门观音寺大门

装饰有黄杨木雕刻成的五百罗汉，底衬草绿色的山水图案，工艺精湛，神态万千，惟妙惟肖，栩栩如生。

殿门上的槅扇、拜亭的额枋都透雕有彩绘的鸟兽花卉。拜亭上一对镂空透雕的绿岩龙柱，翻腾飞舞，形态逼真。

二层奉祀的是阿弥陀佛、观世音菩萨和大势至菩萨，这3尊佛像都坐在莲花座上，在佛教教义中，莲花象征着出淤泥而不染。阿弥陀佛居中，代表无量的光明、寿命和功德；观音菩萨陪侍在阿弥陀佛左边，代表着大慈大悲；大势至菩萨陪侍在右，代表喜舍。

观音寺

■ 厦门观音寺大悲殿

观音寺的第三层为藏经阁，是收藏佛教经书的地方。大悲殿在观音寺之后，依山势构筑。大悲殿分为两层，建筑面积有700多平方米，底层为寮舍；上层为殿堂，居高临下，气势宏伟。

大悲殿为重檐歇山式，屋面浑健雄大，檐角反翘如大鹏展翅，厚重而硕健。正脊两端加饰鸱吻，鸱尾卷曲相对。殿堂为5间，中间的立柱刚健雄壮，磅礴大气，具有明显的唐代建筑风格。

殿内供奉的是观音菩萨像，像高8.8米，端坐在莲

歇山式 在形式多样的古建筑中，歇山式建筑是最基本、最常见的一种建筑形式。即前后左右有3个坡面，在左右坡面上各有一个垂直面，故而交出9个脊，又称九脊殿或汉殿、曹殿，这种屋顶多用在建筑性质较为重要、体量较大的建筑上。

■ 厦门观音寺观音像

传奇的神殿

箜篌 一种十分古老的弹弦乐器，最初称"坎侯"或"空侯"，在古代除宫廷雅乐使用外，在民间也广泛流传，在古代有卧箜篌、竖箜篌、凤首箜篌3种形制。从14世纪后期不再流行，以致慢慢消失，只能在以前的壁画和浮雕上看到一些箜篌的图样。

花宝座之上，面容慈祥端庄，拥有至高的法力，能够"观"到芸芸众生的诉苦之音，解救众生于苦海之中。

万佛宝塔在观音寺右侧，坐西朝东，规模宏大，塔基占地面积可以达1600多平方米，整座建筑共有13层，连同塔刹通高为78米。万佛宝塔的底层为大厅，中间供奉千手观音，木雕金妆，恬静庄严，熙怡慈悲。

千手观音全称"千手千眼观世音菩萨"，又称"千眼千臂观世音菩萨"，是佛教六大观音之一。佛教认为，众生的苦难和烦恼有多种多样，需求和愿望也不尽相同，因此，就应该有众多的无边法力和智慧去度济众生。

观世音菩萨为救济一切众生，变现出如意宝珠、葡萄手、甘露手、白佛手、杨柳枝手等千手千眼。无论众生是想渴求财富，还是想消灾免病，千手观音都能大发慈悲，解除诸般苦难，广施百般利乐。

佛教中认为，只要虔诚地信奉千手观音，就有息灾、增益、敬爱和降伏等好处。

在大厅门前还矗立着一对高约4米辉绿岩大石狮，石狮威风凛凛，英气勃勃，栩栩如生。

万佛塔的第二层和第三层为念佛堂，面看起来是二层，实际为一层，有600多平方米。上方四周有48

幅玻璃彩画，为阿弥陀佛"四十八愿力图"。左右两侧均为大阳台，四隅各建一座重檐歇山顶小殿。

四层为延寿堂，布满供奉牌位的龛橱。龛橱质地为花梨木，雕饰花纹图案，十分精细。第四层的顶为平座，四周有栏杆围绕，栏板剔地浮雕有40幅花鸟图画，铺锦列绣，生动传神。

中央建塔，为八角九层。塔身由外壁、回廊和塔心3部分组成，翘檐复宇，回廊萦绕，楼梯位于塔心室内，旋转上升。

每层的外壁有栏板，青石影雕有各种莲花图案。翘脊斗拱雕饰妙音鸟，八角九层共72尊，各持琵琶、箜篌、笛子、如意、钟、铃、引磬等乐器、道具、法器等，仙琚飘拂，神态各异。

妙音鸟左右吊筒，塔转角倚柱雀替，雕饰满眼，错彩镂金，绚烂耀目。

塔盖形如金钟罩，杏黄色琉璃瓦屋面，八角攒尖，造型优美。塔刹高15米，由覆钵、露盘、相轮和仰月宝珠组成。相轮13圈，为中间大两头小的橄榄形，象征"十三天"。相轮之上有月盘、日盘和宝珠，隽美别致，寓意深刻。

宝塔一共供奉佛菩萨11 111尊，每层平均有佛1000余尊，以

剔地 雕刻技法之一，是用平刀、铲刀削刮勒线以外的空余石面，使景物部分隆起半毫米左右。铲地的要诀是：把刀稳，用力均，刀向顺，轮廓清。凡自然形的石坯，铲地要随着石形之凹凸面而起伏；若是四方章坯，底地则必须平坦完整，印面转角要保持垂直。

■ 厦门观音寺香炉

■ 观音寺檐头

供不同信众的瞻仰和礼拜，故称"万佛宝塔"。万佛宝塔恢宏瑰丽，挺拔俊秀，屹立在仙岳山麓，被誉称为"厦门佛教第一塔"。

五观堂、香积厨在万佛宝塔的右侧。五观堂为两层，香积厨为三层，屋盖均为盝顶，隽永大气。

观音寺建筑群以红墙黄瓦为基调，富丽堂皇，巍峨壮观，成为厦门第三大佛教寺院。

传奇的神殿

观音寺常年坚持每星期六举行一次念佛法会，每月农历十九举行大悲法会，每年农历正月和六月各举办一次万佛法会。善男信女长年不断，香火异常繁盛。

阅读链接

传说古代兴林国妙庄王有3位美丽的公主。长女妙金，次女妙银，小女妙善。妙金、妙银在家中侍奉父母，只有妙善从小就虔诚地礼佛，出家当了尼姑。

妙庄王苦苦劝她回宫，但她始终不肯。一怒之下，妙庄王命人拆了庙宇，赶走了僧尼。

哪知天神怪罪下来，使妙庄王全身长了500个大脓疮，久治不愈。后来有位医生说此病必须要亲骨肉的手眼入药才能治好。于是，妙庄王求助于妙金、妙银，但两位公主拒绝了。妙善知道后，毅然献出手眼为父亲合药治病。果然，妙庄王的病很快就康复了。

这件事情感动了释迦牟尼，为了让妙善公主能时时拯救苦难众生，便赏赐给了她千手千眼。从此，妙善公主就成了众所祈求的千手千眼观世音菩萨。

规模宏伟的三十三观音堂

　　三十三观音堂位于海南三亚的南山，南山因形似巨鳌，所以古时被称为"鳌山"，山高500多米，山上终年祥云缭绕，气象万千，历来被称视为吉祥福泽之地。

　　相传古时候的南海一带经常有瘟神作怪，致使怪疫虐行，民不聊

■ 三十三观音堂大门

生。海龙王的第五个儿子五龙王圣衍，主司人间兴云布雨，水聚财源。五龙王性格纯善，慈悲佛心，当他看到南海百姓的苦难之后，不忍人间百姓受苦，就想拯救天下的生灵于苦海，却苦无良方。

一天，五龙王在睡梦之时，冥冥中听见有个人在呼唤他的名字，五龙王慢慢睁开眼睛，一看，是一位慈眉善目的中年白衣女子，在他面前端庄而立。

五龙王道："敢问贵人是何方神圣，怎么来我龙宫？"

女子说："我乃西天观自在菩萨，慈航大士是也。"

五龙王大惊，赶紧施礼道："哦，原来是观音菩萨到此，敢问对小神有何差使？"

观音菩萨回答说："南海一带瘟神作怪，疫疾虐行，民不聊生，你可有何良方？"

五龙王皱着眉头说："小神法力有限，只管兴云布雨，水聚财源。像这救世间疾苦，普度众生的大愿行，还需观音菩萨前往。"

于是，观音菩萨带着龙王驾临到南山，开示佛法，拯救苍生。

传奇的神殿

三十三观音堂牌匾

人们为了感谢观音菩萨，就在南山建造了一座观音堂，称为"三十三观音堂"。

院内主要供奉的有观世音菩萨33尊应化法身群像、观世音菩萨三灾八难浮雕全图、观世音菩萨十二大愿转经柱、人间第一财神龙五爷、天下第一聚宝盆、南海第一祈福龙门等。

三十三观音堂仿盛唐佛寺建筑风格，红柱青砖，雄浑雅朴，柔和精美，一派宽宏庄严的气象。寺庙周围，林木阴翳，花草繁茂，野鸟竹风，海浪低吟，幽静如斯，有飘然出尘之感。

三十三观音堂内的观音坐像

三大士殿殿中供奉的是大慈大悲观音菩萨、大智大慧文殊菩萨和大愿大行普贤菩萨。菩萨脚下一张约40平方米的巨大纯铜供台上，摆放着信众供养的数千盏莲花灯。

灯是佛门十大供养之一，佛经说道：

一灯破千年暗，一智灭万年愚。

这千盏智慧明灯闪耀，汇聚成一片灯海，映照着慈悲庄严的菩萨法相，让人恍如置身佛国圣地。

正殿具有浓烈的唐朝建筑风格，金碧辉煌却无奢华之气，流光溢彩自有清净之心。殿内主要展示的是《观世音菩萨普门品》中所记载

三十三观音堂大殿内观音像

的三十三观音应化法身群像。

观音菩萨33尊应化法身，代表着人世间众多不同心愿。现三十三观音堂中，33尊观音应化法身群像立于50米长的流动彩色水系之上，姿态各异，栩栩如生，严慈祥和，活灵活现，如菩萨真身现世。

殿内的主观音为"乘龙观音"，高4.3米，其余32尊观音塑像，每尊都高2.3米。群像均采用大漆材料和贴彩鎏金工艺，是四海之内规模最大、工艺最精湛的室内观音群像。

这33尊观音神态各异，有的安详庄重，有的含蓄沉静，有的沉思凝想，有的和蔼可亲，有的威武刚健，有的笑容可掬。

有保佑求子得子的送子观音，有金榜题名的持经观音，有从官顺利的德王观音，有身健无病的施药观音，有婚姻美满的鱼篮观音，有时时如意的六时观音，有吉祥平安的乘龙观音等等，各个生动活泼，极富生活情趣。

除了33尊观音法相，在开阔的大殿内，还有《法苑珠林》中记载的观世音菩萨"三灾八难"全铜巨幅浮雕。

《大佛顶首楞严经》中记载的观世音菩萨誓发十二大宏愿的

"十二大愿转经柱"，柱上篆刻有出自《大般若经》中的精华《般若波罗蜜多心经》共12篇，无不形神兼备、巧夺天工，将千年观音文化展现得淋漓透彻，是我国传统文化瑰宝中不可或缺的部分。

龙五爷财神殿是海南最大的财神殿，也是南山上唯一的财神文化道场。

据民间传说，观世音菩萨十二大宏愿中，第二愿便是"常居南海愿"。南海龙王的第五子圣衍闻知之后，主动叩请护送菩萨前往南海弘法利生，并发慈愿为观世音菩萨永远镇守南海，护佑九州风调雨顺，百姓富足康宁。

圣衍的慈愿善行，感动了佛祖，被封为"天下第一财神"，令其掌管人间的财富分配，统筹天下财源流通。

龙五爷财神殿由三大部分组成，一是招财大殿；二是地宫财库；三是五爷万佛阁。

招财大殿内有8根财柱，开示众人树立正确的财富观。这八大财智法门包括：第一正见，布施求财；第二正念，如法求财；第三正德，修善求财；第四正业，求财以道；第五正诚，信义积财；第六正定，摄心守财；第七正慧，用财有度；第八正悟，功德法财。

法相 佛教术语，指诸法之相状，包含体相与义相两者。"法相"与"法身"的区别在于法相是一个包含外延与内涵的，是法的象。法身好比道的法则，法身法相包含分身，分身也反包含之。

■ 三十三观音堂内的观音像

瑞兽 是原始人群体的亲属、祖先、保护神的一种图腾崇拜，是人类历史上最早的一种文化现象，并从远古时代一直沿存至今。我国古代有四大瑞兽，分别是东方青龙、南方朱雀、西方白虎、北方玄武，另外麒麟也是我国古代的一种瑞兽。

■ 三十三观音堂财神殿

尤其值得一提的是，地宫财库里的镇殿之宝，是重达数吨的"天下第一大龙砚"。

龙砚上盘桓着的56条飞龙，寓意56个民族，砚面上刻有我国的版图、万里长城以及凤凰、乌龟等我国古代的瑞兽，精美壮观，让人叹为观止，为普天下所罕见。

马头观音殿内供奉的是马头观音，是六观音之一，是畜牲道的护法明王，也是古代驿马和各种交通工具的本尊神。马头观音通体赤红，三面八臂，三目圆睁，獠牙外露，呈狮子无畏相，震慑一切阻碍众生出行的魔障。

马头观音手持佛珠示意亲近一切诸佛，手持斧钺示意免去一切恶咒邪法，手持法轮示意祛除众生出入烦恼，手持莲花示意成就种种功德，手持金刚杵示意降伏一切魍魉鬼神，手持宝瓶示意甘露洒福众生，双

手马头示意护佑众生出入平安。

祈福龙门是南海一带最早的祈愿方式，龙门上面有12个洞口，分别写着人生中12种不同的美好心愿，如求财顺利、美满姻缘、福寿满堂、功德圆满等。信众可以迎请开光龙币投入龙门上面的洞口，若投中代表此心愿将会实现。

三十三观音堂是一座集展示观音文化、龙五爷财神文化和民俗文化为一体的佛教文化场所，是我国佛教文化中的重要组成部分。

051

救苦救难

观音寺

阅读链接

相传，太仓民间曾流行一种怪疾，无医可治，人们苦不堪言。观音菩萨听说后，化身成为一位癞头和尚前去送药治病。

刚开始百姓都不相信，后来一位奄奄一息的老婆婆喝了癞头和尚用赤桱柳煮的药汤之后，怪病奇迹般地好了。

老婆婆奔走相告，渐渐人们的怪疾都痊愈了，正当人们要感谢癞头和尚之时，观世音菩萨显现真身，驾云而去。

人们为感谢菩萨恩德，便塑了一尊手持赤桱柳的观音宝像供奉起来，称为延命观音，保佑人们百毒不侵，益寿延年。

香火不绝的南岸观音寺

南岸观音寺位于重庆市南岸区，坐东向西，背依南山，是一个集宗教文化艺术、宗教活动为一体的院落，寺庙始建于清朝道光年间，又在玉溪河畔玉溪桥边，所以也被称作玉溪桥观音寺。

南岸观音寺占地1700多平方米，建筑面积近6000平方米，全部采用的是钢筋混凝土结构。主建筑高30米，红墙黄瓦，飞檐翘角，雄伟壮观，有11座殿堂。一层为弥勒殿、七佛殿和财神殿。弥勒殿即为山

南岸观音寺正门

■ 观音寺正门与香炉

门殿，居中供奉的是泥塑穿金的弥勒佛，佛像高约3米，非常自在地坐在莲台上，彩绘背光。

在笑口常开的弥勒佛像两边，供奉的是泥塑穿花金的四大天王，他们各手持兵器，脚踩小鬼。

山门内左右两侧供奉泥塑彩绘的哼哈二将，这两位大将俨然两个大力士。他们上身裸露，手持金刚杵，目眦尽裂，怒视着人间，神态非常威严，似乎想要将一切恶势力都给镇压住。

七佛殿供奉有泥塑穿金七佛，脚踏莲座，彩绘背光。七佛殿南面供奉泥塑穿金的眼光菩萨，手持法眼。北面供奉泥塑穿金药王菩萨。西北面供奉泥塑穿金的文武两财神。

在一层和二层之间的夹层中设有地藏殿、阿弥陀佛殿和玉观音殿。地藏殿内供奉的是地藏菩萨、东岳

哼哈二将 原先是佛教中的金刚力士。哼哈二将手中拿着金刚杵，是保卫佛国的两个夜叉神，也就是两位把门将军。哼将叫郑伦，得度真人真传，只要鼻子一哼，就可以吸取他人的魂魄，一招制敌。哈将叫陈奇，肚子里面有一道黄气，只要哈出这口气，敌人就会呆若木鸡，魂魄被吸，置其于死地。

传奇的神殿

■ 重庆南岸观音寺
阿弥陀佛殿

大帝、南岳大帝、十殿阎王及诸多小鬼。整个地藏殿透露出一种庄严而神圣的气息。

地藏王菩萨右手九环锡杖可以震开地狱之门，左手明珠能够照亮地狱的黑暗，能够放大光明，让受苦的众生离苦得乐，他的坐骑名叫谛听。

地藏殿北面为阿弥陀佛殿，供奉石刻穿金的阿弥陀佛。佛像高1米。阿弥陀佛殿的西北面为玉观音殿，供奉着鎏金彩妆的玉石观音，佛像高1.8米，他脚踏莲座，神情庄严肃穆。相传这座玉石观音像是由常敏法师从缅甸请回的，非常珍贵。

第二层为大雄宝殿，建筑面积约有200平方米。释迦牟尼佛居中面北，结跏趺坐，泥塑穿金，佛像高3米，彩绘背光。左右陪侍为阿南、迦叶两位尊者，泥塑穿金，佛像高1.8米。

地藏王菩萨 也称地藏菩萨，是佛教四大菩萨之一，与观音、文殊、普贤一起，深受世人敬仰。因其"安忍不动如大地，静虑深秘如秘藏"，故名地藏。又因"久远劫来屡发弘愿"，故被尊称为大愿地藏王菩萨。

释迦牟尼佛的背后供奉的是西方三圣，佛像高5米。南面供奉文殊菩萨，北面供奉普贤菩萨，均为泥塑穿金，佛像高3米。

大雄宝殿西面为韦驮殿，居中面东供奉的是泥塑穿金的韦陀菩萨，韦陀手持降魔杵。左右两边供奉泥塑穿金八大金刚，均高1.8米，手中持有各自的兵器，彩绘祥云背光。殿内北面为修庙功德墙，功德墙由31块汉白玉组成，青石底座，浮雕龙珠图饰，青石墙顶，人字斜水，椽瓦造型。

第三层为十面千手观音殿，居中供奉的是木刻穿金四面千手观音，佛像高4.7米。莲花须弥座，座高1米，观音手持各种法器，每个手掌心中有一只眼，千手的排列犹如孔雀开屏似的排在观音身后。千手观音殿的西北和西南分设有钟楼和鼓楼。

第四层为藏经阁，珍藏着佛教的各类经书。南岸观音寺的这种殿堂建筑结构在我国的寺庙建筑中是非常少见的。

观音殿居中面北供奉有石刻的穿金观音菩萨、铜铸穿金观音菩萨、铜铸穿金药观音菩萨、鎏金玉石卧佛和铜铸穿金弥勒佛，都是非

观音寺内建筑

常珍贵的菩萨雕塑。

每年的农历三月初二，南岸观音寺都要举行一次拜梁皇宝的忏法会。农历二月十九、六月十九、九月十九分别为观音的诞辰法会、成佛法会、出家法会。此外，还有春节烧子时香的活动、门口土地财神、每月农历初一和十五的传统庙会等。

寺庙保存有木刻四面千手观音一尊、玉石观音一尊、玉石卧佛一尊、木刻药师佛一尊、石刻财神一尊、丝绣金刚一对，其余佛像均为泥塑生漆脱胎穿金，共有300余尊，还有木刻匾额7块、对联17副，做工非常精细。

南岸观音寺形成了集宗教文化艺术、正常宗教活动为一体、功能齐全、设施完备的佛教场所。

阅读链接

土地公是商人崇拜的财神，在农历每月的初二、十六都要祭拜土地公，称为"做迓"。土地公都是慈眉善目，白须白发的老人，有时会有土地婆陪伴，有时则只有土地公而已。

相传玉皇大帝委派土地公下凡的时候，问他有什么抱负，土地公说：希望世上的人各个都变得有钱，人人过得快乐。

土地婆听了却极力反对，她认为世间的人应该有富有贫，才能分工合作。

两人争执了好长时间都没有达成统一，于是，土地公打消了这个原可"皆大欢喜"的念头，造成了世间贫富悬殊的差别。人们觉得土地婆自私自利，是一个"恶婆"，所以不肯供奉她，而对土地公却是推崇备至。

真武庙主祀真武大帝。他曾降世为伏羲，后从师于如来佛，在玉帝退位后任第三任天帝，为龙身，称为中华之龙祖。

真武大帝是道教神仙中赫赫有名的玉京尊神，道经中称他为"镇天真武灵应佑圣帝君"，民间称他荡魔天尊、报恩祖师、披发祖师等。

真武具有水神、司命之神的特征，他阴阳交感演化万物的象征，被赋予了在风水与预测领域的帝尊地位。因此，自真武庙建立之日起，就在民间有着广泛的信众。

真武庙

陡峭岩壁上的河津真武庙

  山西省运城市河津真武庙，也被称为玄武庙。坐落在河津市西北隅紫金山麓的九峰之中，由于寺庙的外形像龙，所以人们也形象地称之为九龙庙、九龙头。

  提起真武庙的来历，历来都众说纷纭。据运城河津县县志记载，河津在秦朝时叫作皮氏县，北面正对龙门。风水先生看了之后说，龙

■ 河津真武庙门

是皇帝的象征，因此龙门也就是帝王之门，按照规矩，县门是不能正对皇门的，所以，皮氏县城不允许开北门，一开北门，要不就是有人举兵造反，要不就会出真龙天子。

之后，历代沿袭，像龙门县、河津县县城都没有北门。北魏太平真君七年（446年），皮氏县遭遇洪灾，东迁了1500米，改名为龙门县，为了镇邪，就在金山麓内广建庙宇。

公元690年，武则天改国号为周，回故乡并州省亲，路过龙门县，一天夜晚，她发现龙门县城北面霞光万道，非常惊奇，就找来县令询问。

县令回答说："这是城北的几个小庙，夜间放霞光万道是为了迎接圣驾，是吉祥之兆啊！"

武则天听了十分高兴，她向来笃信佛教，于是就把最中间的一个庙宇改名为龙阙寺，并从国库拨银用来扩建，这就是后来的真武庙。

河津真武庙坐北朝南，具体的建造年代已经无从考证，只留下明嘉靖、万历、清康熙、乾隆、咸丰、道光时进行修葺的资料。

真武庙的正门与旁门之间各有一个平台，一雌一雄两只石狮分置于南北，之后不慎丢失，后来人们又仿照石狮子原先的样子进行了补造。

■ 河津真武庙石狮子

059

中华龙祖

真武庙

并州 古州名。相传大禹在治理洪水的时候，曾经划分城内为九州，并州为其中之一，泛指今河北保定和山西太原、大同一带，现特指太原。

县令 官名。战国时三晋和秦称县的行政长官为令。县令原本直接隶属国君，但是战国末年，实行郡县两级制，于是，县开始成为郡的隶属，县令也就成了郡守的下级官员。

■ 河津真武庙大殿

碑碣 古时将长方形的刻石叫作"碑"。把圆首形、上小下大的刻石，叫"碣"。秦始皇时期开始刻石纪功，东汉以后，碑碣越来越多，大都用来歌功颂德。在唐代，"碑"和"碣"是有区别的，五品以上用碑，五品及以下用碣，到后世往往混用。

在正门和两旁门上分别建乐楼和钟楼、鼓楼。乐楼面西与正殿相对，楼基为高出两米多的石砌建筑，采用悬山式结构，红墙绿瓦，有斗拱、昂嘴及龙凤等雕镂装饰其中。

通往真武庙的朝殿坡穿梭在陡峻的山体上，粗略计算有160多级台阶，拾级而上，经过"过风"戏台就可以到达玄帝道院，院内树木苍翠，古柏参天，到处都是古朴的碑碣，主要建筑有香亭、献殿、穿廊、正殿、真武殿等。

香亭是一种结彩小亭，在里面放置香烛，可以起到防风防雨的作用，远远看去，就像是一个迷你版的亭子。过去，人们在举办赛事、出殡的时候，也会把它抬出来用一用。

献殿是用来祭祀圣母，贡献礼品的地方，面阔三间，进深两间，檐牙飞啄，和凉亭有几分相似之处，整体结构轻巧但不缺稳固。

穿过走廊就是庙院的主殿，殿内有14根圆柱进行支撑。殿中供奉的是金装九龙圣母，陪祭在两边的是两个侍女立像，殿壁上还绘制有大量的降龙罗汉、伏虎罗汉等画像，显得庄严肃静。正殿两侧有偏殿，分祀子孙圣母和痘疹圣母。

庙院南北两厢分别有耳厅、廊房、土地祠、井神祠及南北两座小院，庙院中还有祭台及两棵古槐、两眼古井。在这两眼古井中有一个并不显眼的小井，是传说中十分灵验的"药井"，据说"人有疾，饮之即愈，洗之即明。"

真武殿内供奉的是真武大帝的泥塑神像，色彩艳丽，端庄威严，可以镇压水神，庇佑五谷丰登，是历代人们虔诚供奉的神，香火一直都兴旺不衰。

出西北便门是纯阳院，院内有仿蓬莱香亭、吕祖

伏虎罗汉 在佛教中，如来佛祖座下有十八罗汉，伏虎罗汉是第十八位，即弥勒尊者。是乾隆皇帝钦定的。传说伏虎罗汉居住的寺庙外经常有一只因饥饿而咆哮的老虎，刚开始，罗汉就将自己的饭食分给老虎，时间长了之后猛虎被他降服，经常和他一起玩耍，所以被称为伏虎罗汉。

■ 河津真武庙内的亭子

■ 河津真武庙的建筑

洞、望河楼等建筑。院内回廊曲折，拾级登高，经过天门栈道就可以到达顶峰朝天宫，这是官僚子弟袭封和文武官员朝见天子的地方。

举目四望，全庙布局精巧，楼阁殿宇依山而建，随势蜿蜒，拾云沐风，心旷神怡。

真武庙地势高峻，三面环临陡崖，极像海上的一个孤立的小岛。又因为山头到处都是苍劲的青松翠柏，在当地一直有着"卧麟岗"的美称。后来崇文社在建造崇文阁、纯阳洞的时候就曾经有人提名，将这个地方叫作"麟岛"。

早在宋元之前，和紫金山麓相邻的9座山峰上就建有形态各异，大小各不相同的庙宇，有禹王庙、雷

栈道 古代交通史上的一个重要发明。人们为了在深山峡谷中通行方便，就在河水隔绝的悬崖绝壁上用器物开凿一些棱形的孔穴，插上石桩或木桩，并且在上面横铺木板或石板，让人畜通行，叫作栈道。

公庙、八仙庙、药王庙、真武庙、山神庙、帝君庙、三皇庙、天神庙等建筑，和真武庙相映成趣，形成一个规模巨大的庙宇建筑群。

随着时间的流逝，大多数庙宇只剩下一些残垣断壁，只有九峰中最大的真武庙保存完好。因此，人们陆陆续续将这些损毁的庙宇迁移到真武庙内，进行重建，这样，真武庙也被称作九龙庙。

通过不断的迁建、添建，真武庙的规模也一天天地宏大起来，逐渐形成了一座较大规模的道教建筑群。

后来经过不断的扩建，真武庙的面积已经达到了3400平方米，建筑面积约2500平方米。有各种楼台亭阁、栈道、廊舍、牌坊等共计34处之多。

真武庙东望虎岗，西瞰龙门，南临汾水，北枕紫金。故有"汾水秋波""倚斗金銮""小桥飞凤""雁塔凌空""太华晴峰""孤云送月""原麟叠翠""西河画舫"的麟岛八景。

阅读链接

宋真宗避玄字之讳，始改玄武为真武。宋真宗尊为"镇天真武灵应圣帝君"，简称"真武帝君"，号称"真武大帝"。

因真武大帝的生日是农历三月初三，其飞升成仙之日是农历九月初九，所以，每年的三月三、九月九真武庙都举行盛大庙会，借此纪念真武。

后来，到1312年，河津县城又被汾水漫淹，再北迁高台。一些信奉道教的人沿袭崇拜永乐宫吕洞宾，又相继捐资增修了崇文阁、纯阳洞（即纪念吕洞宾的吕祖洞，吕洞宾号纯阳子）、三皇洞、玉皇阁、药王庙、朝天宫、仿蓬莱、南天门等建筑物，使真武庙成为一个雄伟壮观的古建筑群。

真武大帝被称为"无量祖师"，吕洞宾被称为"纯阳祖师"，故九龙庙也叫祖师庙。

有小武当之称的泉州真武庙

泉州真武庙位于福建省泉州东海镇石头街，俗称上帝宫。真武庙建造在一个石山上，枕山漱海，自从在宋代建成之后，就成为了当时地方长官祭拜海神的地方。

■泉州真武庙真武大帝像

真武庙被称为玄天上帝八闽第一行宫，有"小武当"的说法，据《泉州府志》记载：

玄武庙在郡城东南石头山，庙枕山漱海，人烟辏集其下，宋时为郡守望祭海神之所……

可见，泉州真武庙已经有1000多年的历史了。

■ 真武殿匾额

在宋代，泉州因为地靠南边，很少受到北方战乱的影响，所以经济、文化都一直在向前发展。1087年设置了市舶司，使泉州的海外交通得到了进一步的发展，往来的商船很多。

当时，道教受到了朝廷的尊崇，全国上下广修道观，在这种风潮的影响下，泉州兴建了大批的道教宫观，仅记载的就近20所。

又因为毗邻古刺桐港的后渚港，为了方便祭祀，寻求真武大帝保佑，就在这个依山面海的地方建起了真武庙。每次航海之前，人们都会前来祭祀朝拜，千百年来，香火一直都没有断过。

真武庙主祭真武大帝，是北极玄武星君的化身，又称玄天上帝。相传玄天上帝的诞生，是善胜皇后在梦中梦见自己吞日才怀孕的，14个月后王子降生。小王子长大后离家出走，去武当山学道。

玄天上帝 也就是真武帝，是主持兵事的剑仙之主，每次出去斩妖除魔的时候都是仗剑出行，地位仅次于剑仙之祖广成剑仙。对他的崇拜从宋代开始，到了元代晋升为元圣仁威玄天上帝，明成祖时期具有更加显赫的地位，武当山为玄天上帝的圣地。

■ 唐太宗画像

功德 "修德有功，性德方显"，一切众生体内都有如来的智慧德相，这是与生俱来的，叫做"性德"。但是这种性德在妄想和执念的束缚下，无法显现出来，只有依靠自身修持的功德，才能将这种妄想和执念扫除。

他的父王思念他，就派了500武士去武当寻找王子，把王子带回去，可是，众武士竟然也跟着王子留在武当学道了。

42年之后，王子终于功德圆满，飞天成仙，被玉帝封为玄武真人，500武士也被封为500灵官。

唐初，玄天上帝曾显灵助唐太宗作战，因此被封为佑圣玄武灵应真君。后来宋真宗避赵玄朗的玄字之讳，改封为真武大帝。

明代嘉靖年间，晋江知县韩岳在庙前的一块天然巨石上刻立"吞海"石碑，寓意真武势盛，可以气吞云海。真武庙取景天然，四周环绕森森古木，有一眼非常明显的明代古井，名叫"三蟹龙泉"，泉水清冽甘甜。山门有一副石刻对联：

仰之弥高大观在上；
过此以往联步而升。

是清代翰林庄俊元亲笔书写的，值得去细细品味。走过依山而建的24级石阶，就是真武庙的主殿真武殿，真武殿面阔三间，全部采用砖木结构，白石基底，红墙红瓦，将闽南的地方建筑特色展露无遗。

真武殿门口的左右两侧门楣上刻有"吞长江""衔远山"的字样，加上正殿大门上的"真武圣殿"匾额，让人不由得肃然起敬，清道光进士翰林庄俊元还特为真武殿写了一副对联：

脱紫帽于殿前，不整冠而正南面；
抛罗裳于海角，亦跣足以莅北朝。

被称为绝对。殿大门两侧是绘制的大型彩绘"龙吟虎啸"图。

真武殿古朴典雅，"全瓜抱通"，三层涩叠，

■真武殿

传奇的神殿

■ 真武大帝像

朱雀 我国传统文化中的四象之一，是上古四大神兽之一。根据五行学说，它是代表南方的神兽，代表的颜色是红色，为古代神话中的南方之神。亦称"朱鸟"。代表的季节是夏季。

《太上感应篇》 道教的经典著作之一，旨在劝善，书中融合了较多的佛、儒思想，最大限度地扩充社会的行善群体，促进了人间善业的发展，对社会具有积极的影响。

"八角灯形"斗拱穿插扶梁，这在古建筑构造中是非常少见的，门旁的龙虎窗，樟木雕刻的镀金"八仙"守门，人物形象栩栩如生。

殿中正襟危坐的是真武大帝彩塑真身，他披发仗剑，脚踏着龟蛇。真武大帝为什么穿着帅服，却脚踩着龟蛇呢？

在我国，古人观天象的时候，习惯上把天空分为东西南北四宫，并且用4种动物来为其命名，于是，就有了东宫青龙、西宫白虎、南宫朱雀、北宫玄武的说法。

玄武也就是龟，玄为黑色，代表着龟背的颜色，后汉时将北宫的形象改为了龟蛇合体，所以，真武大帝穿着帅服踏着龟蛇，更加贴切了玄武的含义。

而且宋代所推行的道教理论，特别是《太上感应篇》的推行，虽然告诉了人们善恶终有报，应及时行善，但是同时也助长了人们消极等待的思想。而真武大帝不仅劝善，而且惩恶，所以某种意义上来说，真武大帝更加符合人们追求统一的愿望，因而信众非常多。

扩建之后的真武殿，两旁各有一个小副殿，烘托着主殿，显得非常壮观。大殿左侧是波浪围墙和山门，门口很宽很大，殿右是专门为了节日唱戏而搭建的戏台，平日放置一部分宗教书刊供前来拜祭的信众阅读。

真武庙内的香炉

殿前的白石栏杆，像一条腰带飞舞在山前，滔滔的海水扑打着，衬托着戏台边上的特大"善"字，显得更加明亮，散发着一股真武殿才有的独特神韵。

阅读链接

明代是真武大帝声名最为显赫的一个阶段，民间信仰最为普遍。明朝初期，朱元璋的儿子燕王朱棣发动"靖难之变"，夺取了王位。

相传在燕王的整个行动中，真武大帝都曾显灵相助，因此朱棣登基后，立即下诏特封真武为"北极镇天真武玄天上帝"，并大规模地修建武当山的宫观庙堂，建成八宫二观、三十六庵堂、七十二岩庙、三十九桥、十二亭的庞大道教建筑群，使武当山成为举世闻名的道教圣地，并在天柱峰顶修建"金殿"，奉祀真武大帝神像。

正是由于帝王的大力提倡，所以真武大帝的信仰在明代一度鼎盛，真武庙在宫廷内外无处不在。

北京城原址上的深泽真武庙

深泽真武庙位于河北省深泽县，在当地被叫作北极台。深泽城原先只有东、南、西3个门，北面无门，传说中是建设北京的原址。

相传，元太祖成吉思汗完成统一霸业之后，就一直在寻思，都城应该建在哪个地方好呢？他分别派两位大臣去帮他办理这件事情，说也凑巧，这两位大臣最后都看中了深泽这块风水宝地。

■ 深泽真武庙

两位大臣在奏折中说：如果都城选择在这里，深泽将会官员辈出，辅佐君王成就天下霸业，世代相传，成吉思汗听了非常高兴，当即说："二位爱卿，劳苦功高，有赏，赏……"

成吉思汗的话还没有说完，就看见朝中走出一批大臣，他们进谏道："吾皇万岁，万万岁，二人胡言乱语，蒙骗皇上。说日后定会官员辈出，都是官员，哪里还有当差的？这样一来，难道不是要结党营私吗？到时候，江山危急……"

听到这儿，成吉思汗就被惊出了一身冷汗，当即大怒，废了奏折，将二人拖出斩首。

因而，都城向北挪了250千米，定在了北京。深泽虽然没有被成吉思汗选为都城，但是却让他整天都提心吊胆的，害怕深泽的风水顺势进入北京城，危害自己的社稷，于是，就派人在深泽建造了一座城池，独独不设北门。

明朝嘉靖年间，大同人李承式做了深泽令，并于1562年在北城墙中心建造了土台，土台建成之后，以台为基，构木成阁，建成了真武庙。因为真武庙位于城北，可以登高远望北方，所以也称为北极台。

■ 深泽真武庙建筑

传奇的神殿

真武庙的所在地，正处于深泽县的最高点，可以俯瞰整个深泽县城，前来登高望远的人络绎不绝。

真武庙红梁绿瓦，檐牙高啄，在阳光的照耀下，熠熠生辉。在台旁凿池引泉，环湖种植了大量杨柳，成为附近百姓蔽阴乘凉的去处。

深泽真武庙建筑规模宏大，仅基座就占了近2000多平方米，顶台面积1600多平方米，台高14米左右，殿前建有钟楼、鼓楼。

在深泽真武庙建成之前，这个地方还是一个四棱形的土台，远远望去，就像是一个大元宝半埋在土地中，真武庙就是在这个土台的基础上兴土木建成的，深泽真武庙共计45级台阶，顶台建有真武大殿，主祀北极紫微星大帝。

紫微星号称"斗数之主"，自古以来，紫微星都被人们称为"帝星"，认为命宫主星是紫微的人有着一副帝王之相，富贵吉祥。

紫微星又叫北极星，是小熊星座中最主要的一颗星，北斗七星都在围绕着它进行着四季轮回的旋转。而紫微星则是北极紫微大帝，是玉皇大帝手下最得力的助手，协助玉皇大帝执掌天经地纬、日月星辰以及四时节气等自然现象，深受百姓的崇拜。

在《封神榜》中，周文王的长子伯邑考就被姜子牙封作了"紫微星"，传说故事《白蛇传》中的女主角白素贞就是紫微星下凡后的化身。

到了1801年，真武庙已经走过了240年的风雨，其间经过洪涝的侵蚀，风吹日晒，已经变得残破不堪，当时的深泽知县萧泗水看到真武庙被毁得如此不堪，就下令重新修葺北台，45级土阶全部换成石阶，看起来宏伟的气势更加增加了不少。

伯邑考 姓姬，名考，是周文王与太姒的嫡长子，他生性敦厚仁爱，当父亲周文王被纣王囚禁后，他作为人质为纣王杀害，死去的伯邑考是伐纣之役的第一位牺牲者，他的魂魄到了南天门，被太白金星收在紫微星宫，命为尊贵之神，代表了尊贵、权力和帝皇。

■ 深泽真武庙一角

1858年，知县许忠游览真武庙，见一些土木建筑已经开裂，胶漆掉落，于是就联合一批文人志士重修真武庙，所有的门、窗、椽、柱全部涂上红色油漆。

同时在庙前开辟一条通往城内的主要街道，并沿途建造了4座牌楼，分别称为"太和仙境""治世玄岳""北岳具瞻"和"玄武重镇"，四坊南北相连，交相接应，和真武庙交相呼应，互衬威仪。

真武庙旁的泉池被扩建为水塘，两旁开辟成渠，两侧种植柳树，夜深人静，月光洒在柳树上，月影参差，影影绰绰，是赏月游览的最佳地方，久而久之，就成了深泽的第一美景——"北台柳月"。

1861年，清政府再次对真武庙进行修葺，拔掉枯死的柳树，换以新树，并且在中间的空地补种桃李，此外，人们还重新疏浚渠道，增架木桥。

月明星稀，树影斑驳，走在木桥之上，聆听小桥流水，景致异常静美。也正是由于在真武庙中包含如此多的美景，所以大都被保存了下来，前来观赏的人群连年不衰。

阅读链接

传说，真武庙建成之后，有一位会法术的高人经过这个地方，看到真武庙下埋有金牛、金马、金鸡3件宝贝，便起了歹心，于是念动咒语，没想到，真武庙还真的被悬吊了起来，坐等金牛、金马、金鸡出来喝水。

不一会儿，金牛和金马就被这个人成功牵走了，轮到了金鸡，他正想去捉，被真武庙内的老方丈发觉了，老方丈大喝一声："住手！"

真武庙应声落地，吓得那个人连忙牵起金牛和金马逃走了。后来，人们只要在庙前使劲一跺脚，还能听到隐隐的金鸡啼叫声呢！

在我国道教文化中，龙王行雨十分具有人情味和传奇色彩。龙不但能降雨除旱，还可以救火。

人们在祈雨的同时还可以捎带提一些其他方面的要求，譬如求福、长生、官职、祛病、住宅凶吉等，事无巨细，无有不及，几乎世上所有的事都可以包揽了。

因此，人们到处修建龙王庙，专门供奉龙王。每逢风雨失调，久旱不雨，或久雨不止时，人们就会到龙王庙烧香祈愿，以求龙王治水，风调雨顺，具有特别的民俗内涵。

风雨济世

龙王庙

龙山上的京北都龙王庙

京北都龙王庙，坐落在北京昌平城南的龙山顶。在地方志《光绪昌平州志》中记载：

都龙王庙在龙山山巅，1357年重修。清光绪四年祈雨有灵，奏请御赐匾额，重修殿宇。

白浮泉

从中可以推算，京北都龙王庙建于元代，并且还可能和修建"白浮堰"有关。

白浮堰为元代水利学家郭守敬所建，沟通了白浮桥和青龙桥之间的水系，全长约82千米，是北京的供水命脉。

古时候，龙在人们心中如神明般的存在。人们普遍认为龙是掌管兴云降雨职责的神灵。在旧时的皇历上，每一年都要清楚地标注着"几龙治水"，也就是说这一年是由哪几条龙来负责天下的降水。

老百姓最期盼的就是"一龙治水"，因为"一龙治水"的这一年，一定是个风调雨顺、五谷丰登的年景。而"多龙治水"的年份通常都是多条龙共同管理，没有一个能够靠得住的，要不就是久旱无雨，庄稼干涸，要不就是同时降雨水涝成灾。

其实，不管是"几龙治水"，在北方，大多是干旱少雨的，于是，人们为了祈求能够降雨，就在很多深水潭和比较大的泉眼边修建了大小不一的龙王庙。在北京，龙王庙的数量不少，但是只有在昌平有一座都龙王庙。

至于都龙王庙中的"都"字应该怎么去理解，当地流传着两种说法：一种解释是人们认为这里的龙王最大，统管所有的龙王。龙王的种类其实有很多，在

■ 白浮泉上的桥

皇历 相传是由黄帝创制的，古时由钦天监进行计算之后颁订。主要是帮助农民把握好耕种时机。皇历是在我国农历的基础上衍生出来的，带有二十四节气的日期表，每天的吉凶宜忌、生肖运程等。

四海龙王 龙王是道教所崇奉的一个神祇，源于古时候人们对于龙神和海神的崇拜。大龙王有四位，为四海龙王，奉玉帝之命掌管四方之海，掌管人间风雨。小的龙王可以存在于一切水域中。在四大龙王中，东海龙王教广最大，其次是南海龙王教钦、北海龙王教顺和西海龙王教闰。

佛教教义中，有无量诸大龙王，如毗楼博义龙王，婆竭罗龙王等。在道教中也存在着诸天龙王、四海龙王、五方龙王等说法；第二种解释就是龙王庙大，是北京城北所有龙王庙的统领者。

都龙王庙坐北朝南，由正殿、东西配殿、钟楼、鼓楼、山门和照壁组成。

正殿内面南的是龙王的泥塑彩像，头戴通天之冠，身穿衮龙之袍，腰系碧玉之带，脚踏步云之履，威严却不失庄重，东侧供奉的是雷公电母，西侧是风伯云童，四周墙壁上到处都是彩绘的龙王行雨图。正殿殿内的明柱上刻有楷体大字：

九江八河天水总汇；

五湖四海饮水思源。

■ 都龙王庙

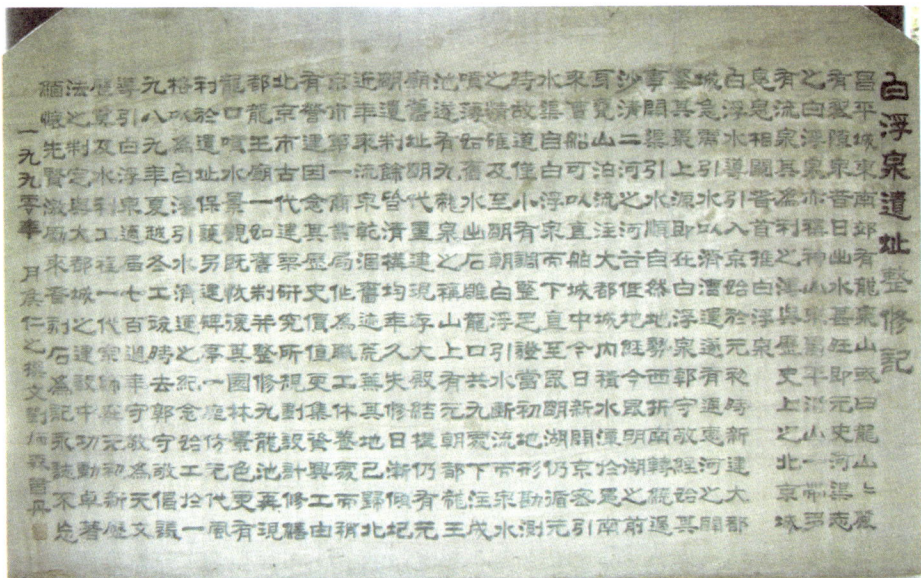

白浮泉遗址碑

院内还有明清时期的五通碑刻，记载了龙王庙修葺以及祈雨的事项。

后来，人们在对京北都龙王庙进行修葺的时候，在东房山墙外庙田内发现了一通清朝时期镌刻的石碑，上刻有"都龙王庙田碑记"。碑文中记载：

> 吾州东南，去城五里许，有山蔚然深秀，山下有泉，水声潺潺，峰回路转，中有庙，翼然者三，一白衣庵，一龙泉寺，其峰顶则都龙王庙焉。

可见，都龙王庙当年的建筑规模之大。都龙王庙是昌平地区最著名的一处祈雨场所，自古以来香火都非常的旺盛。

每到干旱少雨、河道干涸的年景，人们总是要来都龙王庙进行祭祀，祈求龙王早日行云布雨，为他们

■ 白浮泉都龙王庙

降下救命的甘霖。

祈雨的时候，人们化装成不同身份的角色，抬着供品，浩浩荡荡地去都龙王庙朝拜，然后在九龙口的面前静静等待下雨的征兆，也就是看龙王身边的净瓶中什么时候才会有水，水量是多少。

一旦看到净瓶中有了水，人们就立即相互祝贺，欢呼雀跃地庆祝这次祈雨的成功。据说都龙王庙非常灵验，只要是人们诚心诚意地祈雨，不管多少总是要下一些。也许是因为龙王受到都龙王庙附近人们的香火太多，有些近水楼台先得月的意味。

每年的农历六月十三，都龙王庙举行盛大的龙山庙会。龙山庙是上寺和下寺的合称，上寺指都龙王庙，下寺为龙泉寺。龙山庙会历史悠久，对昌平一带的人们来说是必须参加的一场盛会，龙山庙会从农历六月十一开始，举办3天。

庙会一开，四邻八乡的香客们就会穿上干净的裤褂齐集在龙山庙。香客们虔诚地向龙王敬献香火，祈求风调雨顺。在龙泉寺西南的平地上有一座戏楼，每到龙山庙会的时候，一些颇负盛名的戏班就会前来演出京戏、评剧及河北梆子。

庙会不仅只有唱戏这个单元，还要走会。首先是昌平官府的上香参拜仪式，前呼后拥的仪仗队伍，烦琐讲究的参拜仪式都是人们热衷知道的内容。

之后，就是各档花会大显身手的时候了，有城关开路、五虎棍、踩高跷、跑旱船、花铙大鼓等。其中的单腿踩高跷可以登上108级台阶，惹得人们驻足呆望，讶异表演者技艺的高超。

庙会这几天，也是商贩云集的时刻，吆喝叫卖的声音此起彼伏，好不热闹。其中有专卖杈子、扫帚、簸箕之类劳动用品的；有卖夏天应时布料、雨伞、草帽之类生活用品的；有卖西瓜、酸莓汤等解暑饮料的；有卖炸面鱼等各种风味小吃的；有卖不倒翁、泥娃娃之类玩具的，五花八门，应有尽有。

而寺内则是一副烟雾缭绕的样子，钟磬之声不绝于耳，庙内信众如织，人声鼎沸、锣鼓喧天，真的是热闹极了。

阅读链接

白浮堰原先是通惠河的一段，后来被废弃。通惠河位于北京的东部，是元代时期挖的一个漕运河道，由郭守敬主持修建。从元朝开始，被忽必烈命名为"通惠河"。

通惠河从昌平县的白浮村神山泉开始，中间经过昆明湖，一直到达积水潭、中南海，又从崇文门转而向东流去，在今天的朝阳区杨闸村向东南折弯，一直通到了高丽庄流入了潞河，全长82千米。

目前，通惠河作为北京市的排水河道，已不能通航。

两江交汇处的汉口龙王庙

　　湖北省汉口龙王庙始建于明洪武年间，地处长江与汉水的交汇处，是"长江三大庙"之一。

　　传说在远古时期，江汉交汇处水流湍急，波涛汹涌，有一条恶龙常年盘踞在江底，经常坑害附近的百姓，往来的船家都将这个地方称

汉口龙王庙

■ 汉口龙王庙牌楼

为鬼门关，经过此地时都要摆香叩头，并向江中扔一些鸡鸭猪羊等牺牲品，以求可以平安行船。

　　大禹得知这件事之后，就命人火速铸造四方金印，经过108回合大战，用金印压在恶龙身上，恶龙无法翻身，自然就无法祸害百姓了。

　　后来，人们为了感激大禹的恩德，就在江边修建了一座庙，并在庙的神龛上供禹王，神龛下供龙王，后人即称此庙为龙王庙。

　　据《汉口竹枝词》记载，龙王庙建于1739年的清代。在明洪武年间，汉水改道，致使龙王庙附近的水域骤然缩小，岸陡水急，很多往来的船只都被瞬间倾覆了，是发生水患和事故最多的地段之一。

　　人们以为是龙王发怒，就纷纷对龙王进行祭拜，祈求平安。

　　有一年，人们为了修路，就将庙宇及其牌楼给

禹　姒姓，夏后氏，名文命，号禹，后世尊称大禹，是黄帝轩辕氏玄孙。通过禅让制得到帝位。大禹为了治理洪水，长年在外与民众一起奋战，置个人利益于不顾，治水13年，耗尽心血与体力，终于完成了这一件名垂青史的大业。

■ 汉口龙王庙建筑

强拆了。结果，这一年突发大水，汉口被淹了两个多月，死伤人数达30000多人。相传"大水冲了龙王庙"这个典故就源于此。

在很长的一段时间内，汉口龙王庙是有址而无庙的，只有一通石碑屹立在江畔，见证着历史的变迁。

后来，龙王庙重建，重建后的龙王庙建筑群，整体分布在一个高出水面约80米的台面上，台下是波涛起伏的龙池之水，水清鱼跃，背后是葱郁的青山，直耸入云霄。在空阔的建筑面积内，巧妙地将庙门、祈雨台、正殿和配殿组合在一起，成为龙王庙建筑群。

龙王庙庙门分别设在台地的两侧，看起来就像是一个神圣的祭坛，让人忍不住顶礼膜拜。庙中心为祈雨台，通体由汉白玉雕砌而成，正中还嵌刻着巨大的太极阴阳鱼，向世人讲述着"万物负阴而抱阳""天一生水"的神秘东方文化。

祭坛 古代用来祭祀神灵、祈求庇佑的特有建筑。原始人出于对太阳的敬畏和崇拜，为举行献祭仪式专门建造的一种高台建筑，献祭活动反映了人类最初对世界的理解。

拾级而上，第三层台阶上就是庄严古朴的正殿，金黄的琉璃瓦屋顶，在阳光中向世人展示着轻灵愉快的姿态。

殿内的5位龙神立像，色彩鲜明，栩栩如生，形象地将"五龙议治"的主题凸现出来。位居中央的是黄龙，象征黄帝。两边配立青、赤、白、黑4尊龙神化身。

四龙在黄龙的带领下，从大海中腾飞而出，祥云环绕，飘然相聚在庙堂之上，共同商议着如何对人间布云行雨，庇佑人间风调雨顺，五谷丰登。

五龙腾飞，将龙健美的身姿和睥睨天下的气势表现得淋漓尽致，预示着龙的传人正在腾飞，携手创造新的传奇。所体现的"五行原理"和殿外有着"八卦图案"的祈雨台遥相呼应，将建筑风格和雕塑艺术在文化内涵上达到完美的统一，营造出一种"天人合

风雨济世

龙王庙

五行 存在于我国古代的一种物质观，多用于哲学、中医学和占卜方面。五行指：金、木、水、火、土，认为大自然都是由五行构成的，随着五行的兴衰，大自然发生变化，从而使宇宙万物循环，影响人的命运。是由于我国古代对于世界的认识不足而造成的。如果说阴阳是一种古代的对立统一学说，则五行可以说是一种原始的普通系统论。

■汉口龙王庙雕刻

武汉龙王阁

一"的神圣境界。

龙王庙的建筑风格，将"人—建筑—环境"协调在一起，散发一种幽静深沉的美感，将传统文化中龙的世界和龙文化扩大化、迷人化，造就了一个极具独特民族风格的神奇龙宫，所有的这一切，都让人随时感受着大自然最原始的野趣和古老文化的迷人风采。

后来，武汉仿唐风对龙王庙进行了重建，更名为龙王阁，占地达16500余平方米。将龙王阁建设成为了一个以龙文化为主题的建筑群。在龙王庙内有一通石碑，明确指出了汉口的由来。石碑指出：

> 龙王庙是汉水入江之口，乃武汉之地标、汉口之源点、汉正街之大门。
>
> 汉口者，汉水入江之口也。明代成化之初，连年大水，汉水自郭茨口下改道，于龙王庙与南岸嘴间形成唯一入江之河口，即汉口。

阅读链接

据了解，汉口龙王庙还有一个镇庙之宝，就是"龙钮大钟"。这口龙钮大钟直径近2米，高约2米，重3吨左右，铸造于清朝早期，后来由于种种原因不慎遗失，现珍藏在法国拿破仑三世皇宫。

为了弘扬我国的龙文化，武汉按照龙钮大钟的原样，对龙钮大钟进行了复制，并重新放置在了龙王阁中。

庙祠联楹的浦东龙王庙

上海浦东龙王庙位于浦东新区的钦公塘西侧。1733年农历七月的一天，捍海塘迎来了一场百年不遇的特大风潮，在这场风潮的侵袭下，捍海塘终于不堪重负被大水冲毁，洪流破塘而出，一路向下奔流，塘内外一片汪洋。

看到加急奏报的雍正皇帝，立马派遣南汇知县钦琏前往捍海塘修葺大堤。

钦琏一上任，就派人勘测地形，开始着手捍海塘的防御工程，朝廷拨款迟迟不到，钦琏就从自己的俸禄中拿。很快，一座长约51千米的全新海塘展现在人们的面前。

海塘耗费了大量的人力物

传奇的神殿

■ 浦东龙王庙鲁班殿

鲁班（前507—前444），姓公输，名般。春秋战国时期的鲁国人，出生在一个世代都是工匠的家庭，在父兄的影响下，逐渐掌握了生产劳动的技能，积累了丰富的实践经验。鲁班是我国古代杰出的发明家，被我国的土木工匠们尊称为祖师。

力，据不完全统计，海塘共耗银67 000余两，钦链几乎倾家荡产。此后，捍海塘成功抵御了浦东的多次风潮。人们为纪念钦链，感谢他为浦东百姓所做的一切，就把捍海塘改为了钦公塘，并且为他修建了一座生祠。

1876年，人们将钦链的生祠迁往海塘龙王庙的西侧，形成庙、祠联楹的独特格局，人称钦公堂龙王庙，里面供奉着龙王、龙王夫人、钦公和钦公夫人。

钦公塘筑成后的几十年里，经受住了数十次海潮的疯狂袭击。有一年农历八月初二，天地一片黑暗，狂风席卷着暴雨冲向了浦东，海塘内外海浪滔天，十分恐怖。

等到初四退潮之后，走出家门的人们发现，海塘内外俨然就是两个完全不同的世界，塘内安然无恙，塘外满目疮痍。自此，人们更加感念钦公，庙内的香火空前旺盛起来。

百姓又自发集资对钦公堂龙王庙进行过两次修葺，致使钦公塘龙王庙的规模也扩展到了10 000平方米，庙房达23间。

此后，龙王庙多次进行了修葺。在修葺的过程中，龙王庙和钦公祠被合为一处，统称为"龙王庙"。不久，香港鲁班殿移厝龙王庙，庙内增添了鲁班殿，供奉着龙王、钦公和鲁班等像。

修缮过后的龙王庙新增了山门、前后大殿、东西厢房和凌霄宝殿，使得龙王庙的外观更具有了明清时代的园林特色和道观色彩。

整座大殿的屋脊上塑有9条龙，正中为"双龙戏珠"，两端殿分别为"吻龙"，二重屋脊中塑"盘龙"，两端为"吻龙"，下为"双龙吐水"，屋脊后塑有"双凤牡丹"，大殿正脊两端还塑有"大祥图"，二重屋脊下的吻龙分别塑有"狮子滚绣球"等

厢房 又称护龙，是指正房两旁的房屋，经常出现在三合院、四合院中，正房坐北朝南，厢房多为在东西两旁相对而立，我国传统文化中以左为尊，所以一般来说东厢房的等级要高于西厢房，而且在建筑上东西厢房高度也有所差别，东厢房略高于西厢房，但是差别很小，肉眼看不出来。

089
风雨济世
龙王庙

■ 浦东龙王庙凌霄宝殿

浦东龙王庙玉皇大帝像

图案，基本上集中了中华民族所有的传统崇拜。

殿内主供玉皇大帝，龙王和钦公分列在东西两侧。每到农历十月十五这一天，都会举行为期3天的钦公会，道旁店铺林立，殿内香熏缭绕，热闹非凡。

而每年的农历六月十三，不同行业的人们都会齐聚在龙王庙，对先师鲁班进行拜祭。

后来，我国台湾地区的人们不断地迁往浦东，这些人大都信仰妈祖，于是，在龙王庙内新建造了一座妈祖殿，祭拜的香火常年不断。

就这样，浦东龙王庙经过一步步的发展，逐渐形成了集道教文化、龙文化、钦公文化、鲁班文化和妈祖文化为一体的特色庙宇建筑，使得浦东龙王庙在庙宇界独树一帜，地位非比寻常。

浦东龙王庙在历经百年的变化中，见证了浦东先民对浦东建设所付出的汗水和做出的贡献，是浦东深厚历史文化的根基所在，是浦东特有的一处历史古迹。

阅读链接

浦东原是一片大海，靠江海逐渐冲积成平原。先民自然筑建海塘，扩大陆地。但频繁的风、潮、旱、涝等自然灾害，也给浦东先民带来深重灾难。

从1135年以来，有死亡记载的大潮灾达50次。在科技不发达的当时，除筑建海塘外，人们自然信仰龙王,建龙王庙，祈求龙王治水，以保风调雨顺，求生求福。